SOUVENIRS JUDICIAIRES

DE 1816 A 1848

SOUVENIRS JUDICIAIRES

DE

1816 A 1848

DISCOURS, ALLOCUTIONS

ADRESSES, ÉTATS DE STATISTIQUE

ET PIÈCES DIVERSES

Par M. C. SEVESTRE

Ancien Magistrat

Chevalier de la Légion d'honneur

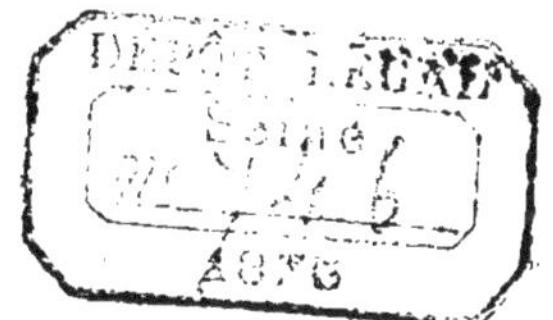

PARIS

TYPOGRAPHIE ET LITHOGRAPHIE FÉLIX MALTESTE ET Cie

22, RUE DES DEUX-PORTES-SAINT-SAUVEUR, 22

—

1875

DISCOURS D'INSTALLATION

A JOIGNY

EN QUALITÉ DE SUBSTITUT DU PROCUREUR DU ROI

Février 1816

MESSIEURS,

Qu'il me soit permis, avant de vous entretenir de l'affaire qui vous est soumise, de me féliciter d'avoir été appelé à remplir, près de votre Tribunal, les fonctions dont je suis investi.

Mon entrée dans la magistrature ne pouvait se faire sous des auspices plus favorables.

La divine Providence a ramené une seconde fois le Roi au milieu de ses sujets; il est encore revenu pour réparer tous nos malheurs. Son premier soin, Messieurs, a été de rendre à l'ordre judiciaire sa plus belle prérogative, celle sans laquelle il n'existe point pour lui d'indépendance, *l'inamovibilité*. Sa Majesté a voulu donner à son peuple la plus belle garantie de la félicité publique en vous enchaînant à votre état et à toutes les vertus qui en sont inséparables. Dans ce siége notamment, Messieurs, ses espérances ne seront point trompées; je me trouve placé sous les yeux de magistrats toujours dirigés par l'amour de leurs devoirs et du bien public.

La nouvelle institution de Sa Majesté vient à la fois d'en être la preuve la plus éclatante, et la plus digne des récompenses.

Je suis appelé à suppléer un Procureur du Roi (1) dont le mérite a été justement apprécié dans plusieurs Cours souveraines, et surtout dans cette antique et immortelle capitale, la patrie des Hortensius et des Cicéron, dont il est le digne élève.

(1) M. Gilbert Boucher, ancien Avocat général à Rome; depuis Procureur général à Bastia, à l'île Bourbon, et à Poitiers, où il est décédé.

1

Je crains, Messieurs, d'abuser de vos précieux moments : je termine en vous priant de m'accorder toute votre bienveillance ; guidé par votre exemple, éclairé par vos lumières, je ferai tous mes efforts pour assurer l'observation des Lois et Ordonnances et concourir au maintien de l'ordre public ; je tâcherai, en marchant sur vos traces, de suppléer, autant que possible, à l'expérience que l'âge ne me permet pas encore d'avoir acquise.

Puissent mes efforts ne pas être infructueux ! Puissiez-vous, Messieurs, compter sur mon zèle et mon activité, comme j'ose compter sur votre indulgence !

DISCOURS D'INSTALLATION

AU TRIBUNAL D'ÉPERNAY (MARNE)

EN QUALITÉ DE SUBSTITUT DU PROCUREUR DU ROI

13 Avril 1816

MESSIEURS,

Permettez que je me félicite d'être appelé à remplir les fonctions dont je suis investi près du Tribunal de cet arrondissement. Placé sous les yeux de magistrats dévoués au Roi, je n'ai d'autre désir que de pouvoir les seconder dans leurs travaux importants et si honorables.

Je commence ma carrière dans un temps heureux : il ne doit plus être question de ces opinions politiques qui divisaient les amis et les parents ; le Roi et la Patrie, voilà le seul point de ralliement des Français. Nous avons tous retrouvé, dans Sa Majesté, un père qui ne voit partout que ses enfants, et qui s'occupe sans cesse de leur bonheur.

A peine remonté sur le trône de ses ancêtres, Sa Majesté a jeté sur la magistrature un regard de prédilection. Elle a résolu de la rétablir avec son ancienne splendeur; elle a surtout, et par un choix éclairé, élevé au rang de juges des hommes savants et intègres.

La composition de ce Tribunal en est une preuve : quel autre était plus digne de la première place que le magistrat (1) appelé à la remplir, par le suffrage des gens de bien, longtemps avant l'Institution Royale, lui qui a déjà siégé dans une Cour souveraine, où le mérite seul pouvait être un motif d'admission ?

Pouvait-il être mieux secondé que par cet autre magistrat qui, ayant successivement rempli différentes places dans l'ordre administratif et judiciaire (2), même dans les temps les plus difficiles, a toujours su se concilier l'estime et le respect publics ?

Enfin, le travail de la procédure criminelle pouvait-il être confié à des mains plus actives et plus habiles que celles du jeune magistrat auquel j'ai l'honneur de succéder, mais qu'il me sera bien difficile de remplacer (3) ?

Guidé par votre exemple, éclairé par vos lumières, j'essayerai, Messieurs, de marcher sur les traces du magistrat que je dois substituer; à force de travail, je tâcherai de suppléer à mon peu d'expérience et d'imiter un si parfait modèle. Je puis espérer que vous m'accorderez de l'indulgence; car ceux qui en ont le moins besoin sont ceux qui en sont le plus prodigues envers les autres.

Puissé-je parvenir à me concilier votre estime et celle des justiciables d'un arrondissement dont je me glorifie d'être originaire (4) !

(1) M. Dubois, Conseiller à la Cour royale de Bruxelles.
(2) M. Morel.
(3) M. Dozon, Substitut à Épernay, Juge d'instruction.
(4) Sézanne, arrondissement d'Épernay.

DISCOURS

PRONONCÉ A LA RENTRÉE DU TRIBUNAL

PAR LE SUBSTITUT DU PROCUREUR DU ROI

Épernay, 5 novembre 1818

—

MESSIEURS,

Ce jour commence pour vous une nouvelle année judiciaire : annoncer que vous allez reprendre le cours ordinaire de vos travaux, c'est dire que vous allez donner de nouvelles preuves de votre amour pour la justice et pour le bien public.

Ce noble sentiment, qui doit éminemment distinguer les magistrats, l'*amour de la justice*, fera particulièrement l'objet des réflexions que nous nous sommes proposé de vous soumettre ; nous nous féliciterons si les paroles que nous sommes appelé à prononcer à l'ouverture de vos audiences renferment quelques-uns de ces principes, quelques-unes de ces vérités toujours utiles à reproduire, et dont il convient de ne jamais s'écarter.

Le droit de juger les hommes n'a pas toujours appartenu aux hommes : naturellement égaux, ils participaient tous à la même indépendance ; toujours libres, toujours heureux, s'ils avaient su la conserver ! Mais bientôt ils se firent une loi de leurs penchants, et sur leurs penchants ils réglèrent leurs devoirs ; tout ce qui plut devint légitime : au lieu d'envisager le bien public, et d'y concourir autant qu'il était en soi, chacun ne consultait que son intérêt personnel ; devenu indifférent pour le bonheur d'autrui, chacun ne songeait qu'à son propre avantage. Mais le bonheur privé ne subsiste pas longtemps sans le bonheur public ; l'égoïsme rend les hommes insensibles et cruels : c'est l'origine de tous les désordres. Pour y remédier, la force est venue au secours de la raison méprisée. Incapable, le plus souvent, d'écouter la sagesse qui lui parlait au fond de l'âme, il fallut à l'homme une sagesse étrangère qui parlât à ses sens, qui imposât à ses passions, qui fît rendre à chacun ce qui lui est dû, qui prévînt et réprimât les vexations, les injures que les hommes avaient à craindre les uns de la part des autres : cette sagesse puissante a été établie en fondant l'autorité des souverains.

Le pouvoir de régler les hommes dans tous leurs rapports, de fixer leurs prétentions respectives, est la plus belle portion de cette autorité ; les magistrats qui en sont les dépositaires ne l'exercent dignement qu'autant qu'ils sont animés et dirigés par l'amour de la justice, c'est-à-dire par la *ferme volonté de rendre à chacun selon ses œuvres.*

Pour y parvenir, deux choses sont également essentielles : la connaissance approfondie des lois, et l'attachement aux principes qu'elles établissent. — Le magistrat doit être éclairé, pour démêler le vrai et le faux à travers les voiles dont se couvre la malice inépuisable des hommes. — L'iniquité, rougissant d'elle-même, s'enveloppe, et cherche toujours à éblouir par des apparences trompeuses ; au contraire, la vérité ne marche qu'accompagnée de la franchise et de la bonne foi.

Cependant, nous ne sommes pas assez heureux pour que la vérité vienne à nous d'elle-même et qu'elle force tous les obstacles qui l'environnent ; il faut presque toujours, si l'on veut la découvrir, la chercher et courir au devant d'elle ; alors, elle n'est point inaccessible : en matière litigieuse, elle réside dans la connaissance des lois et dans leur application judicieuse et raisonnée.

A la vérité, ces lois ne sont elles-mêmes que l'ouvrage des hommes, et souvent elles présentent des difficultés graves et compliquées. C'est alors que, pour les vaincre, il faut remonter jusqu'à l'origine de la loi elle-même ; il faut se placer dans les circonstances qui l'ont fait naître ; il faut, pour ainsi dire, que le sage se fasse le confident du législateur, qu'il entre dans ses vues, et qu'il pénètre ses motifs.

C'est surtout dans les lois romaines que l'on puisera ces principes lumineux et féconds, ces grandes maximes qui renferment presque toutes les décisions ou qui les préparent ; c'est là qu'il faut chercher, qu'il faut aller puiser, pour se les rendre familières, ces notions sûres et frappantes qu'on peut regarder comme autant d'oracles de la justice. — Pour donner lieu à de plus grands éclaircissements, pour parvenir à saisir entièrement l'esprit de la loi et à en déterminer le sens, l'étude nous présente une autre ressource : c'est à nous de joindre nos recherches à celles de ces hommes célèbres, de ces grands jurisconsultes qui ont consacré leurs veilles à lever les doutes que peut présenter notre jurisprudence. Nous devons révérer leur sentiment, invoquer leurs opinions, sans oublier toutefois que *la loi seule* a le droit de nous captiver ; que, seule, elle forme une autorité qui doit fixer toutes nos irrésolutions ; que, enfin, il faut la respecter et la défendre jusque dans ses erreurs mêmes, et ne pas vouloir être plus sages qu'elle.

Si l'on s'écartait de ce principe sacré, les jugements n'auraient plus rien que de frivole ; bientôt, ce que les uns admettent en principe, les autres le rejetteraient comme une erreur.

Mais, Messieurs, les notions que nous essayons de vous rappeler vous sont familières. Vouloir retracer ici la noble tâche du magistrat, vouloir parler du zèle éclairé qui doit lui servir de guide dans le cours de ses pénibles mais si honorables et importantes fonctions, ce serait présenter le tableau fidèle des devoirs dont vous ne vous écartez jamais, et dont la pratique continuelle a su vous concilier le respect et la considération publics.

Et vous, Messieurs les avocats et avoués, qui vous présentez devant le Tribunal pour y défendre et pour soutenir les droits de vos concitoyens, vous êtes préposés par la loi pour être les gardiens, les défenseurs de toutes les bonnes doctrines. Vous avez l'honneur d'exercer une profession *aussi nécessaire que la justice*, suivant les paroles de l'immortel Daguesseau. La noblesse de cette profession vous fait un devoir de l'exercer avec désintéressement ; elle vous fait une obligation de mettre dans la discussion de vos moyens autant de discernement que de loyauté et de bonne foi. Vous ne faillirez pas à la haute mission que vous vous êtes imposée ; vous serez toujours ceux que Cicéron désigne comme les seuls avocats dignes de ce nom : *Viri probi et dicendi periti*, et le témoignage de votre conscience, l'estime, la confiance publique ne cesseront pas d'être la plus douce et la plus glorieuse récompense de vos veilles et de vos travaux.

RÉQUISITION

A L'EFFET D'ADMETTRE M. CAZIN A PRÊTER SERMENT

Épernay, 1818. — Notaire. Serment.

—

MESSIEURS,

Par ordonnance royale du 23 avril dernier, le sieur Cazin a été nommé notaire à la résidence d'Avize. — Appelé à des fonctions si importantes et si honorables, il ne manquera pas, sans doute, de justifier le choix de Sa Majesté et de répondre à la confiance de la loi et à celle des justiciables. — Nous avons pour garants l'exactitude, le zèle et la capacité qu'il a mis à remplir les fonctions qui lui étaient confiées auprès du Tribunal (celles de commis-greffier). Dire qu'il emporte avec lui tous ses regrets et son estime, c'est annoncer qu'il s'est acquis des droits à la considération publique. — Nous nous félicitons de pouvoir ici lui en donner l'assurance.

Nous requérons qu'il soit donné lecture de l'ordre du Roi, et que Me Cazin soit admis à prêter, devant le Tribunal, le serment vonlu par la loi.

—

DISCOURS D'INSTALLATION

EN QUALITÉ DE JUGE AU TRIBUNAL CIVIL DE MEAUX

22 décembre 1819.

—

MESSIEURS,

J'apprécie vivement la faveur dont Sa Majesté a daigné m'honorer en m'appelant à siéger parmi vous.

J'ai dû me pénétrer d'avance de toute l'importance de mes

nouvelles fonctions, et de l'étendue de toutes les obligations qu'elles m'imposent :

— Se consacrer à l'étude des lois ;

— En faire l'application avec une impartialité à toute épreuve ;

— N'écouter d'autre voix que celle de l'honneur et de sa conscience ;

— Ne prendre pour base et pour règle de sa conduite que les principes avoués par la religion, l'honneur et la délicatesse ; — tels sont les principaux engagements que le magistrat contracte envers la société ; tels sont, Messieurs, les devoirs sacrés dont vous êtes les observateurs fidèles, heureux maintenant d'être appelés à les remplir sous le règne du Prince légitime !

La Magistrature a repris enfin son ancienne splendeur ; le Roi, à peine rétabli sur le trône, a jeté sur elle un regard de bonté et de prédilection, et bientôt, pour lui rendre et lui assurer une noble indépendance, l'*inamovibilité* a été consacrée par la Charte ; partout le premier soin de Sa Majesté a été d'élever à la dignité de magistrat des hommes savants et intègres.

La composition de ce Tribunal en offre l'exemple (1) : le digne Président, les autres magistrats qui en font partie, ont tous fait preuve de talents qui, réunis à une longue expérience des affaires, leur ont concilié le respect et l'estime générale.

Je n'ignore pas, Messieurs, combien est grande la perte du vertueux magistrat auquel j'ai l'honneur de succéder (2). Il a emporté avec lui les regrets les plus vifs et les plus mérités : il me sera sans doute difficile de le remplacer. Toutefois, je redoublerai de zèle en profitant de vos lumières et en cherchant à marcher sur vos traces ; je m'estimerai heureux si je puis parvenir à mériter votre estime et celle des justiciables.

(1) M. Lhoste, Président du Tribunal de Meaux.
(2) M. Candon de Sary, Juge.

INSTALLATION DE M. SOUFFLOT DE MAGNY

(SUBSTITUT A AUXERRE)

EN QUALITÉ DE PROCUREUR DU ROI A MEAUX

EN REMPLACEMENT DE M. MOURRE FILS

M. SEVESTRE, Juge, faisant fonctions de Procureur du Roi.

25 avril 1824

—

MESSIEURS,

Nous avons l'honneur de vous présenter l'arrêt de la Cour royale de Paris qui a donné acte du serment prêté par M. Soufflot de Magny, nommé, par ordonnance de Sa Majesté du 31 mars dernier, Procureur du Roi près ce Tribunal, en remplacement de M. Mourre.

M. Mourre, qui s'est fait remarquer au milieu de nous par ses talents, sa prudence et son activité, est appelé à remplir les fonctions d'Avocat du Roi près le Tribunal de première instance de Paris.

Cette promotion est la juste récompense de ses services, de son zèle pour le bien public et de son dévouement à la cause du monarque légitime (1). C'est, en même temps, un hommage rendu aux anciens et honorables services de M. le baron de Mourre, Procureur général à la Cour de cassation. Combien ne devons-nous pas féliciter son fils d'avoir bientôt sous les yeux, pour ne plus s'en séparer, un pareil guide et un pareil modèle! Ce vénérable magistrat ne semble-t-il pas, en effet, avoir été désigné par un profond jurisconsulte (2), lorsqu'il a dit : « qu'un « homme probe et éclairé, rendu dépositaire et gardien de la « sainteté des lois, était le don le plus précieux qu'un souverain « avait pu faire à son peuple. »

Si quelque chose peut diminuer, Messieurs, les regrets sincères que nous éprouvons en perdant si promptement

____

(1) M. Mourre a été volontaire royal en 1815.

(2) Beccaria.

M. Mourre (1), c'est le choix que Sa Majesté a fait en lui donnant un aussi digne successeur......, M. Soufflot de Magny, recommandable par ses qualités personnelles, l'illustration de sa famille, et les fonctions que déjà il a exercées, avec autant de talent que de distinction, auprès d'un Tribunal chef-lieu de département et de Cour d'assises.

Qu'il me soit permis, Monsieur le Procureur du Roi, de vous en offrir ici l'assurance : le Tribunal de Meaux, présidé par un magistrat dont le mérite est si justement apprécié par la Cour royale, et dont l'éclat rejaillit sur ses collègues ; le Tribunal de Meaux, entouré d'officiers ministériels qui ont su se concilier l'estime et la confiance des justiciables, se félicitera de pouvoir vous seconder dans vos fonctions, à la fois si importantes et si pénibles, et de concourir avec vous au maintien de l'ordre public.

Nous requérons pour le Roi qu'il plaise au Tribunal ordonner la lecture de l'arrêt de la Cour royale et procéder à l'installation de M. Soufflot de Magny.

Nota. M. Auguste Portalis, substitut de M. Mourre à Meaux, a donné sa démission le 1er mai 1824.

ADRESSE DU TRIBUNAL DE MEAUX
AU ROI CHARLES X

A L'OCCASION DE SON AVÉNEMENT AU TRÔNE
ET DU DÉCÈS DE S. M. LOUIS XVIII

Septembre 1824

—

Sire,

Les membres du Tribunal de première instance de Meaux apportent au pied du Trône le tribut de leurs vœux pour la prospérité de votre règne.

(1) M. Mourre n'est resté que six mois à Meaux.

Vos sujets pleurent, dans votre Auguste Frère, le Prince, si longtemps désiré, qui a fermé les blessures profondes dont l'anarchie et le despotisme avaient tour à tour accablé la patrie. Vous continuerez son règne, et l'espérance vient tempérer nos regrets lorsque nous prononçons votre nom, qui rappelle tant de glorieux souvenirs.

Sire, toute la France vous aime et vous couvre de bénédictions, et nous rendons grâces à la divine Providence, qui tient dans sa main le cœur des Rois, de ce qu'elle pourvoit à tous nos besoins, et pour la paix et pour la guerre, en nous faisant retrouver, dans Charles X, la brillante valeur de Charlemagne, et la douce sagesse de Charles V.

Nous sommes, avec le plus profond respect,
Sire,
de Votre Majesté,
etc.

DISCOURS DE M. SEVESTRE

A L'OCCASION DE SON INSTALLATION AU TRIBUNAL CIVIL DE MELUN

EN QUALITÉ DE JUGE

30 Août 1825

—

Monsieur le Président, Messieurs,

Le Roi, en daignant m'appeler à siéger au milieu de vous, m'a accordé un avantage, une faveur dont je ne saurais être trop reconnaissant. Je m'appliquerai à justifier un choix si honorable pour moi, en faisant tous mes efforts pour vous seconder dans vos travaux, et pour me rendre utile au service du Roi et de son gouvernement.

Il me sera, sans doute, bien difficile de remplacer le respectable collègue (1) dont vous déplorez la perte. Elle est

(1) M. Loisel, Juge d'instruction.

d'autant plus 'grande qu'une longue expérience des affaires, l'étude approfondie des lois criminelles, enfin la pratique constante de tous ses devoirs, lui avaient concilié votre attachement et l'estime de tous les justiciables.

Toutefois, Messieurs, pénétré de l'importance et de l'étendue de mes obligations, je redoublerai de zèle pour marcher sur vos traces, et pour profiter de vos lumières ; heureux, Messieurs, de vous imiter en prenant pour modèle ce magistrat éminent (1) que ses longs et brillants services appelaient depuis longtemps à la tête de cette Compagnie, et qui jouit de la haute considération due à son mérite.

Je dois aussi me féliciter de pouvoir, dans les affaires qui me seront soumises, être éclairé par le magistrat (2) organe du ministère public, dont j'ai déjà été à même d'apprécier, et dont vous connaissez maintenant la capacité distinguée, et l'esprit d'ordre et d'exactitude qu'il apporte dans l'exercice de ses fonctions ; le Tribunal de Meaux l'a vu s'éloigner avec regret ; espérons que le Tribunal de Melun, chef-lieu judiciaire et de Cour d'assises, où l'appelaient ses services et son talent, n'aura n'aura pas à éprouver bientôt les mêmes regrets !

DISCOURS DE M. LE PRÉSIDENT DESPATYS
A S. M. LOUIS-PHILIPPE

ROI DES FRANÇAIS

A SON PASSAGE A MELUN LE 2 JUILLET 1831

SIRE ,

Le Tribunal civil de l'arrondissement de Melun, présentant ses hommages à votre auguste fils (3), a, dès le 3 août 1830,

(1) M. le baron Despatys, ancien procureur du Roi à Melun.

(2) M. Soufflot de Magny, ancien Procureur du Roi à Meaux.

(3) S. A. R. Monseigneur le duc d'Orléans, alors colonel du régiment de hussards, en garnison à Joigny.

exprimé hautement le vœu consacré le 7 par la Chambre des députés , accompli le 9 par l'acceptation patriotique de Votre Majesté ; depuis, Son Altesse Royale a daigné se charger de lui faire agréer nos protestations respectueuses de dévouement et de fidélité ; vous les adresser directement manquait à notre bonheur.

La France, menacée d'une sanglante anarchie, ne pouvait espérer son salut que de Votre Majesté. Vous vous êtes immolé pour elle ; rétablir nos libertés, en régler l'usage, assurer l'honneur, le repos et la prospérité du pays, sont les seules récompenses que vous attendiez de votre généreux sacrifice ; vous les obtiendrez du maintien de la Charte de 1830, des institutions qui en sont déjà émanées et de celles dont elle contient le germe.

Il nous appartient de concourir au succès des vœux paternels de Votre Majesté, en consolidant le règne des lois par une bonne administration de la justice. Nous sentons l'importance de cette mission et l'étendue des obligations qu'elle nous impose ; puissions-nous, en les remplissant, nous flatter de contribuer à la stabilité d'un trône et à la perpétuité d'une dynastie auxquels sont attachés le bonheur et la gloire de la patrie.

ADRESSE AU ROI (PROJET D')

PRÉSENTÉ LE 30 JUILLET 1835

A L'OCCASION DE L'ATTENTAT DE FIESCHI DU 28 JUILLET 1835

—

SIRE,

Le Tribunal de Melun partage vivement la douleur et l'effroi que cause à tous les bons citoyens l'attentat dont Votre Majesté et son auguste famille ont failli devenir victimes.

Il rend grâces à Dieu d'avoir préservé des jours si précieux auxquels sont attachées les destinées de la France.

Sire, la monarchie et les institutions constitutionnelles fondées sur la Révolution de Juillet sont intimement liées à l'existence de votre dynastie. Conspirer contre la vie de Votre Majesté, attenter à ses jours et à ceux de son auguste famille, c'est vouloir nous plonger dans l'anarchie et rentrer sous un gouvernement despotique.

Pénétrés de ces sentiments, les membres du Tribunal civil de Melun supplient Votre Majesté d'en agréer l'expression avec l'hommage de leur fidélité et de leur dévouement.

Ils ont l'honneur d'être avec le plus profond respect,

Sire,

De Votre Majesté,

Les très-humbles et très-fidèles serviteurs
et sujets.

DISCOURS DE M. SEVESTRE

A L'OCCASION DE SON INSTALLATION AU TRIBUNAL DE MELUN
EN QUALITÉ DE VICE-PRÉSIDENT

15 mars 1838

—

MONSIEUR LE PRÉSIDENT, MESSIEURS,

J'apprécie bien vivement la faveur dont Sa Majesté a daigné m'honorer en m'appelant à la vice-présidence de ce Tribunal. Les nouvelles fonctions dont je suis investi m'imposent des obligations que je m'efforcerai de remplir.

Appelé spécialement à siéger aux audiences de police correctionnelle, le Vice-Président doit apporter aux débats l'attention la plus suivie et la plus scrupuleuse.

Pour accélérer la marche de l'instruction orale, il doit s'attacher, le plus laconiquement possible, à mettre les témoins et les prévenus à même de s'expliquer clairement et catégoriquement sur le fait incriminé.

La discussion une fois terminée, nous avons, Messieurs, à

peser les moyens de la prévention et de la défense. Si nous ne devons punir qu'à regret, si nous devons tenir compte aux prévenus de leurs bons antécédents, de l'inexpérience d'une jeunesse imprudente et irréfléchie, enfin de l'ignorance et de la misère, causes si fréquentes des infractions à la loi; d'un autre côté, Messieurs, nous ne devons pas hésiter à appliquer avec sévérité les peines qu'elle prononce, surtout lorsqu'il s'agit de réprimer des délits commis par des délinquants d'habitude, ces récidivistes qui se placent en quelque sorte en état d'hostilité avec la société, convaincus d'ailleurs de cette vérité exprimée d'une manière aussi concise qu'énergique par l'un des plus célèbres historiens du siècle d'Auguste (1) : « Que l'impunité et « même l'indulgence enhardit les méchants et décourage les « bons citoyens. *Malus improbior, bonus segnior fit.* ».

Indépendamment des affaires correctionnelles, Messieurs, les affaires commerciales rentrent aussi dans les attributions particulières de la seconde Chambre; je contribuerai, autant qu'il me sera possible, à accélérer l'expédition de ces affaires essentiellement sommaires.

Apprécier le point de fait d'après les diverses circonstances de la cause, d'après la nature des relations existant entre les parties, et leur bonne ou mauvaise foi au moment où elles ont contracté; les entendre le plus souvent possible en personne; enfin rendre *prompte* justice, véritable moyen d'économiser les frais, tel est le but que nous devons nous proposer en cette matière, où l'incertitude, le retard dans la fixation des droits de chacun peuvent avoir les conséquences les plus désastreuses.

Je n'oublie pas, Messieurs, que je succède à un honorable magistrat, dont nous avons tous bien vivement senti et déploré la perte si prématurée. Je sens tout ce que cette hérédité m'impose de devoirs et d'obligations difficiles à remplir.

M. Leuillier (2) se faisait, en effet, remarquer par ses lumières et par son amour pour la justice; la bienveillance et l'aménité de son caractère étaient les sentiments qui dominaient son âme et qui lui avaient concilié l'affection générale.

(1) Salluste.
(2) M. Leuillier, ancien Substitut à Bar-sur-Aube et Procureur du Roi à Châlons-sur-Marne.

Si je ne puis, Messieurs, vous offrir en échange d'aussi utiles et précieuses qualités, que du zèle, de l'exactitude et un égal amour pour la justice, je me rassure en pensant que l'appui de vos lumières et de vos conseils bienveillants ne me manqueront pas. Éclairé d'ailleurs par la haute expérience du digne et honorable chef de cette Compagnie que l'estime et le respect public environnent à tant de titres (1), et par les avis du ministère public dont les fonctions sont si dignement exercées par M. le procureur du roi et ses dignes collaborateurs (2).

Nous pouvons sans doute aussi, Messieurs, continuer à compter sur le secours d'un barreau composé d'officiers ministériels qui ont su se concilier l'estime et la confiance générales.

Heureux, Messieurs, de réunir nos communs efforts, les uns pour préparer, les autres pour rendre la justice au nom du Roi des Français, sous un gouvernement qui fait tous ses efforts pour justifier la confiance et la force que ne manqueront jamais de lui prêter les bons citoyens.

ADRESSE DU TRIBUNAL AU ROI

A L'OCCASION DE LA NAISSANCE DU COMTE DE PARIS

29 août 1838

Sire,

Un heureux événement vient de combler de joie votre auguste famille et la France entière.

La Providence, qui tant de fois a découragé les factions et détourné les coups qui vous étaient portés, nous donne encore une haute marque de protection en nous accordant un prince qui doit assurer l'avenir de nos institutions et perpétuer votre

(1) Le jour même de cette installation, M. Despatys comptait 59 ans de magistrature.

(2) M. Poux Francklen, Procureur du Roi; MM. Roussel et Forcade, Substituts.

race. Les magistrats du Tribunal de première instance de Melun prennent une vive part au bonheur qu'éprouve votre cœur paternel et s'empressent de déposer à vos pieds l'hommage de leurs sentiments.

Puisse ce nouveau bienfait éteindre les dernières espérances des partis et rallier tous les Français autour de votre trône !

Nous sommes avec un profond respect,
De Votre Majesté,
SIRE,
Les très-humbles et très-obéissants
serviteurs et sujets.

(Suivent les signatures.)

LE VICE-PRÉSIDENT

SUIVI DE LA DÉPUTATION DU TRIBUNAL DE MELUN

A MONSEIGNEUR LE DUC DE NEMOURS

COMMANDANT SUPÉRIEUR

DU CAMP DE FONTAINEBLEAU ÉTABLI A FORGES (canton de Montereau)

25 août 1839

—

MONSEIGNEUR,

Les membres du Tribunal de Melun s'empressent de venir présenter à Votre Altesse Royale leurs devoirs et hommages respectueux.

Ils partagent vivement la joie qu'éprouvent tous leurs concitoyens en voyant au milieu d'eux un prince dont le nom rappelle déjà de brillants exploits, de glorieux souvenirs, et dont la présence ici, comme commandant supérieur, est motivée par le plus puissant des intérêts, celui de préparer tant d'illustres guerriers et de braves soldats à la défense de la patrie pour le

2

jour où son honneur et son indépendance se trouveraient atta-
qués.

Nous prions Votre Altesse Royale d'agréer l'assurance de
notre dévouement pour le Roi et pour son auguste Famille.

Nous la prions d'être persuadée de nos efforts pour contribuer, autant qu'il est en nous en rendant bonne justice, à la
stabilité du trône de Juillet auquel sont attachés l'existence des
libertés constitutionnelles et le bonheur de la France.

Il n'a pas été possible à **M.** le baron Despatys, président du
Tribunal, de se présenter devant Monseigneur, à raison de son
grand âge et de quelques infirmités. Il nous a chargé d'être auprès de Votre Altesse Royale l'interprète de ses sentiments respectueux et de ses regrets.

BANQUET

OFFERT A MELUN

A M. LE COMTE DE GERMINY, PRÉFET DE SEINE–ET–MARNE

—

MESSIEURS,

J'ai l'honneur de vous proposer de porter un toast à M. le
Préfet qui, depuis son arrivée dans le département, a fait
preuve, comme administrateur, de tant de talent, de dévouement au bien public, et de savoir, comme protecteur éclairé de
l'industrie et des beaux-arts. Dans les dernières circonstances
surtout, que l'intempérie de la saison a rendues si désastreuses,
son zèle a été infatigable, sa bienfaisance, sa générosité pour
venir au secours de l'agriculture ont été inépuisables.... C'est à
cette occasion, Messieurs, que nous avons assisté à la brillante
soirée musicale dont nous conserverons le souvenir ! Cette soirée
a été organisée au profit des malheureux cultivateurs par les
soins de M. de Germiny et avec le secours de nos premiers ar-
tistes, et vous lui en avez vu faire les honneurs avec cette affa-
bilité bienveillante qui, jointe à d'autres qualités éminentes, lui
ont déjà concilié l'estime et l'attachement de ses administrés.

DISCOURS

PRONONCÉ SUR LA TOMBE DE M. RIGUET, DOYEN DES JUGES

DÉCÉDÉ A MELUN LE 3 JUILLET 1840

—

Avant que cette tombe ne se recouvre, qu'il me soit permis, Messieurs, d'adresser à notre ancien et honorable collègue, un dernier adieu !

C'est la seconde fois, depuis deux ans et demi, que le Tribunal déplore la perte de l'un de ses membres dont l'assistance et les lumières lui étaient si utiles !

Notre doyen, Messieurs, a succombé en trois jours à une attaque tellement violente que, dès le principe, elle n'a plus laissé aucun espoir de remède et de guérison. Il emporte avec lui tous les regrets de ses collègues et de ses compatriotes ; ce concours nombreux des notabilités et de toutes ces personnes assemblées pour lui rendre les derniers devoirs le témoigne assez.

M. Riguet père, après avoir exercé à Melun pendant plus de vingt années la profession d'avocat et celle d'avoué, d'une manière distinguée, est entré, en 1818, dans la magistrature où il a apporté le fruit de ses études et de sa longue expérience des affaires judiciaires. Tous, nous avons été à même d'apprécier la sagacité, la promptitude avec laquelle il saisissait dans les procès le véritable point de la difficulté, le sens droit, la justesse de jugement qui le guidaient dans les discussions de la Chambre du Conseil et sa grande facilité de rédaction.

Comme homme privé, M. Riguet s'est toujours fait remarquer, dans ses relations sociales, par sa douceur, son aménité de caractère et ses sentiments d'humanité, et aussi par le plaisir qu'il avait à recevoir ses amis, tous ses collègues, notamment, qu'il accueillait toujours avec autant d'empressement que de franche et généreuse cordialité.

Les justiciables regretteront en lui, Messieurs, un magistrat intègre et éclairé ; ses concitoyens n'oublieront pas non plus les services qu'il a rendus pendant longues années à la chose publique comme conseiller municipal.

Qu'il repose en paix, ce digne et excellent collègue, et reçoive ici, au moment de nous séparer à jamais sur cette terre, un dernier témoignage de notre douleur, un dernier hommage de justice et de considération dû à toutes ses qualités qui le feront toujours regretter de son estimable et excellent fils (1), de son intéressante famille, de ses collègues et de ses amis.

DISCOURS

PRONONCÉ A L'INSTALLATION DE M. SAINT-GILLES

PROCUREUR DU ROI

EN REMPLACEMENT DE M. POUX-FRANCKLIN

7 mai 1841

—

MONSIEUR,

Votre nomination aux fonctions importantes de Procureur du Roi à Melun est la juste récompense du zèle et de la manière distinguée avec lesquels vous avez rempli les mêmes fonctions dans un autre siége (2).

Cette nomination est aussi un hommage rendu aux services éminents de l'un des magistrats les plus distingués de la Cour souveraine (3).

Placé maintenant près d'un Tribunal chef-lieu judiciaire, la Cour d'assises va vous offrir, Monsieur, le moyen de rendre encore de plus grands services à la chose publique. Vous vous montrerez le digne successeur du collègue qui vient de s'éloigner de nous (4), et qui s'est toujours fait remarquer ici par son travail, ses lumières, son activité et son exactitude dans l'ac-

(1) M. Riguet fils, Juge de paix du canton nord de Melun.

(2) M. Saint-Gille était Procureur du Roi à Arcy-sur-Aube.

(3) M. Parent, ancien secrétaire général du Ministère de la justice, Ministre lui-même, aujourd'hui Conseiller à la Cour de cassation.

(4) M. Poux-Francklin, nommé Juge d'instruction à Paris.

complissement de tous les devoirs de son ministère; vous marcherez sur ses traces et, comme lui, vous emporterez sans doute un jour tous nos regrets en allant occuper un siége plus élevé (1).

Vous pouvez compter, Monsieur le Procureur du Roi, que le Tribunal, présidé par le vénérable magistrat dont le mérite est depuis si longtemps éprouvé et reconnu (2), que le Tribunal, entouré d'officiers ministériels qui savent se concilier l'estime et la confiance des justiciables, secondera tous vos efforts et qu'il s'attachera à maintenir cette union toujours si désirable et si nécessaire avec le ministère public dans l'intérêt du bon ordre et de la bonne administration de la justice.

Le Tribunal déclare M. Saint-Gilles installé dans ses fonctions de Procureur du Roi près le Tribunal de Melun, enjoint à tous les officiers ministériels et aux justiciables de le reconnaître comme tel.

———

DISCOURS

A L'OCCASION DE L'INSTALLATION DE M. CHARLES LAJOYE (3)

NOMMÉ JUGE EN REMPLACEMENT DE M. RIGUET, DÉCÉDÉ

PAR M. LE PRÉSIDENT DESPATYS

4 août 1840

—

Monsieur,

En vous appelant à siéger parmi nous, Sa Majesté a récompensé de bons et anciens services et répondu aux vœux du Tribunal. Votre nomination va encore resserrer, s'il est possible, vos relations de confraternité avec les membres du Tribunal, et je

(1) M. Saint-Gilles a été nommé, en 1845, Conseiller à la Cour royale de Metz.

(2) M. le Président Despatys.

(3) Juge suppléant, ancien Juge auditeur.

n'ai pas besoin de chercher à vous exprimer, au nom de la Compagnie, avec quel plaisir cette nomination a été accueillie.

Toutes les garanties nécessaires et désirables ne se réunissaient-elles pas, en effet, pour fixer et justifier en vous le choix du Gouvernement :

L'amour de votre état ;

Le sentiment de vos devoirs ;

Votre position sociale au milieu de vos concitoyens ;

Votre noble indépendance ;

Enfin l'expérience et l'instruction que vous avez acquises en assistant depuis longtemps déjà aux débats des affaires judiciaires.

Nous savons, Monsieur, à quel point vous comprenez l'importance de vos fonctions, et combien vous êtes pénétré de la nécessité, pour les bien remplir, de réunir à la pratique, la science et l'étude du droit.

A cet égard, Monsieur, je vous proposerai pour exemple et pour modèle l'ancien magistrat auquel vous succédez et qui a emporté tous nos regrets.

M. Riguet, après avoir exercé à Melun d'une manière distinguée, pendant plus de vingt ans, la profession d'avocat et d'avoué, est entré dans la magistrature. A son arrivée dans le Tribunal, le secours de ses lumières et de son expérience a été aussi utile que précieux. Nous avons tous été à même d'apprécier sa pénétration, la sagacité qui lui servait à démêler, à dégager, dans les procès, le point essentiel de la difficulté, la véritable raison de décider. Nous avons aussi remarqué sa facilité de travail et de rédaction, enfin la justesse et la rectitude de jugement qui le guidaient dans les discussions de la Chambre du Conseil, où il apportait toujours autant de modestie que de calme et de modération.

Nous n'oublierons pas non plus, Messieurs, son aménité et sa douceur dans les relations privées.

Comme magistrat, comme particulier, telles ont été les qualités que nous avons à regretter en perdant le doyen de cette Compagnie. Et nous avions besoin de lui rendre ici avec vous, Messieurs, ce dernier hommage.

Toutes les qualités dont nous venons de parler, Monsieur,

vous ne manquerez pas de les réunir, et nous vous félicitons de ce que vos nouvelles fonctions plus actives, plus obligées, vont vous offrir plus souvent l'occasion de les faire connaître et de les développer.

Le Tribunal, vu le procès-verbal dressé par la Cour royale constatant que M. Lajoye a prêté serment devant la Cour, le déclare installé dans ses fonctions de Juge.

LE VICE-PRÉSIDENT

SUIVI DE LA DÉPUTATION DU TRIBUNAL

A MONSEIGNEUR LE DUC D'AUMALE

A SON PASSAGE A MELUN LE 9 SEPTEMBRE 1841

—

MONSEIGNEUR,

Les membres du Tribunal civil de Melun ont l'honneur de vous présenter leurs respectueux hommages. Ils partagent sincèrement la joie qu'éprouvent tous les habitants de cette ville en voyant s'arrêter au milieu d'eux, un jeune Prince qui a déjà plusieurs fois fait preuve de valeur sur le champ de bataille, et qui marche si glorieusement sur les trace de son auguste Frère Son Altesse Royale Monseigneur le duc d'Orléans.

Nous avons eu l'honneur de lui être présenté, lorsqu'il a traversé Melun comme colonel, à la tête de son régiment.

C'était en juillet 1830, époque à jamais mémorable de l'avénement au trône de Sa Majesté le Roi des Français, et de laquelle date l'existence de nos libertés constitutionnelles.

Nous prions Votre Altesse Royale d'être convaincue de notre dévouement au Roi et à son auguste Famille; nous la prions de vouloir bien lui offrir l'assurance de nos efforts pour concourir autant qu'il est en nous, en rendant bonne justice, au maintien du bon ordre, de la sûreté des propriétés et de la tranquillité publique dans le département de Seine-et-Marne.

ADRESSE AU ROI

PAR LE TRIBUNAL DE MELUN

A L'OCCASION DE L'ATTENTAT QUENISSET

14 septembre 1841.

—

Sire,

C'est avec un profond sentiment de douleur, que les membres du Tribunal de Melun ont appris l'attentat dont Son Altesse Royale le duc d'Aumale vient d'être l'objet.

Les témoignages de sympathie et de dévouement qu'ils ont été heureux de pouvoir lui offrir à son passage à Melun, protestent assez de leur indignation contre l'auteur d'un pareil attentat.

Sire, les anarchistes sont toujours armés contre votre dynastie, parce qu'ils savent qu'elle est inséparable du maintien de nos institutions et du bonheur de la France.

Les membres du Tribunal de Melun supplient Votre Majesté d'agréer l'hommage de leurs vœux pour votre conservation et pour celle de votre auguste Famille.

Ils sont, avec le plus profond respect,

Sire,

De Votre Majesté,

Les très-humbles et très-obéissants serviteurs et sujets.

(Suivent les signatures des membres composant la Chambre des vacations.)

DISCOURS

PRONONCÉ

PAR M. LE VICE-PRÉSIDENT DU TRIBUNAL DE MELUN

SUR LA TOMBE DE M. LE PRÉSIDENT DESPATYS

22 décembre 1841

—

MESSIEURS,

Le concours de tous les fonctionnaires publics, de toutes les notabilités de cette ville, l'empressement religieux des personnes de toutes les conditions, pour assister à la cérémonie funèbre à laquelle nous prenons une part si douloureuse, attestent assez la grandeur de la perte que nous venons de faire!

Quel témoignage plus éloquent de l'affection publique et de la haute considération dont jouissait M. le baron Pierre-Étienne Despastys de Courtheilles, président du Tribunal de Melun, officier de la Légion d'honneur!

Quelle preuve plus éclatante de la vénération qu'inspirait son noble caractère, et de la reconnaissance pour ses honorables services!

En 1789, alors qu'il était déjà Lieutenant général civil et de police au bailliage de Melun, après avoir été Conseiller du Roi au bailliage et siége présidial d'Auxerre, M. Despatys a été élu membre de cette illustre Assemblée constituante, dont les institutions ont régénéré la France, et s'est fait remarquer par la modération et la sagesse de ses opinions.

En l'an VIII, à l'époque de la réorganisation des Tribunaux civils, investi par l'autorité supérieure de la confiance la mieux méritée, il a puissamment contribué à fixer le choix du Gouvernement sur les magistrats les plus intègres et les plus éclairés qui ont été nommés dans le département de Seine-et-Marne.

C'était alors un immense service rendu au pays dans l'intérêt de la bonne administration de la justice!

Nommé successivement : en 1790, Juge au Tribunal civil du département ; en 1801, Procureur général près la Cour de justice criminelle de Seine-et-Marne, Procureur impérial criminel près la Cour d'assises, et ensuite Procureur du Roi dans le même chef-lieu de département, tous les magistrats qui ont eu l'honneur de siéger à côté de lui, les anciens membres du Barreau se rappelleront toujours le talent distingué, cette éloquence mâle et chaleureuse, avec lesquels il remplissait, à l'audience, les fonctions si importantes et si difficiles du ministère public.

De 1816 à 1832, pendant sieze années consécutives, M. Despastys a été appelé par les suffrages, toujours spontanés, de ses concitoyens, à l'honneur de les représenter à la Chambre des députés. Il ne leur était pas possible de choisir un mandataire plus indépendant, plus consciencieux, plus éclairé sur les véritables intérêts du pays, et plus invariable dans ses opinions sagement libérales et constitutionnelles.

En 1825, M. Despatys a été appelé comme Président à la tête du Tribunal civil de Melun, où sa place était depuis longtemps marquée.

Tous, nous avons été témoins de son attachement invariable pour les principes sacrés de la religion, et de son dévouement au Gouvernement de Juillet.

Vous tous, Messieurs, qui avez été ses justiciables, vous avez été témoins de la simplicité, de la douceur de ses mœurs antiques, qui donnaient encore plus de force à l'autorité et au pouvoir dont il était revêtu.

Nommé depuis longtemps chevalier de la Légion d'honneur, M. Despatys a été promu, en 1835, au grade d'officier du même ordre ; cette haute distinction, ce nouvel honneur est venu le trouver comme tous les autres, car il lui suffisait de les mériter sans les rechercher jamais. Ce magistrat vertueux n'avait qu'une seule ambition, celle de faire le bien.

Membre constamment réélu du Conseil municipal et de toutes les Commissions de bienfaisance, il attachait le plus grand prix à ces fonctions, parce qu'elles le mettaient à même de se dévouer plus particulièrement aux intérêts et aux besoins des habitants de cette ville.

Non-seulement, Messieurs, la longue et honorable existence

de M. Despatys a été consacrée au service de son pays dans les diverses fonctions publiques qu'il a occupées pendant cinquante-quatre ans, mais il s'est toujours concilié l'affection générale par ses sentiments de bienfaisance et d'humanité.

Comme tous les hommes de bien, il aimait à exercer cette bienfaisance sans aucune ostentation ; mais le nombre de ses aumônes a empêché qu'elles pussent toujours demeurer secrètes. Voilà, Messieurs, de quel homme tous les gens de bien, et la ville de Melun en particulier, ont à déplorer la perte !

Comment ne serait-elle pas vivement sentie !

Le Roi, l'ordre judiciaire, perdent en lui un des magistrats les plus distinguées ;

Ses concitoyens, un juge, un administrateur aussi probe qu'é-clairé ;

Sa famille désolée, le meilleur des pères ;

Les pauvres, un bienfaiteur dont la charité était inépuisable !

S'il peut exister un adoucissement à la douleur si légitime de ses deux fils, héritiers d'un si beau nom, c'est la pensée, c'est la certitude qu'une si belle âme, une âme aussi pure, n'a quitté ce monde que pour être rendue à Dieu ; ce sont enfin les regrets universels et la manifestation du deuil et de l'estime publique dont il m'a été permis d'être ici l'interprète au nom du Tribunal de Melun, en rendant un dernier hommage à notre cher et vénérable Président et en lui faisant nos derniers adieux ! Le souvenir du bien qu'il a fait, de tous les services qu'il a rendus à son pays, subsistera aussi longtemps que sa mémoire vivra dans nos cœurs.

INSTALLATION

De MM. SEVESTRE, Président ; MILLOT, Vice-Président ;

PASSELEU, Juge, et DIEUDONNÉ, Juge suppléant au Tribunal
de Melun

DISCOURS DE M. LE PRÉSIDENT

27 janvier 1842

—

MESSIEURS,

J'apprécie bien vivement la faveur que Sa Majesté a daigné
m'accorder en m'appelant à l'honneur de présider ce Tribunal ;
je comprends d'avance toute l'importance des fonctions qui me
sont attribuées, et je connais l'étendue des devoirs et des obligations qu'elles m'imposent. Je redoublerai de zèle, et je ferai
tous mes efforts pour répondre à la confiance qui m'a été
accordée.

Je ne puis oublier, Messieurs, que j'ai l'honneur de succéder
à l'un de ces magistrats éminents qu'il serait bien difficile de
remplacer, et dont la perte récente et si douloureuse sera toujours vivement sentie au milieu de nous.

La seule présence de M. le Président Despatys commandait
le respect et la confiance des justiciables, avant même qu'il eût
prononcé ces décisions, ces jugements qu'il improvisait avec
tant de sagacité, de clarté et de talent de déduction logique.

Ce digne et vénérable magistrat offrait à la justice et au Roi
toutes les garanties désirables : le caractère le plus honorable,
une capacité éprouvée, l'amour de son état et du bien public,
une haute position sociale ; enfin, une carrière remplie d'honneur et de dévouement aux intérêts du pays.

Si je ne puis, Messieurs, en échange de pareils titres et
d'aussi éminentes qualités, vous offrir que ma droiture d'intention, un égal amour de la justice et la ferme volonté de faire le

bien, permettez-moi de compter sur votre concours et d'espérer que votre collaboration et vos bons conseils ne me manqueront pas.

Animés du même esprit d'intérêt public, d'un égal dévouement au Roi, à son auguste famille et à nos institutions constitutionnelles, les membres de ce Tribunal et du parquet continueront à vivre dans une parfaite union. C'est le vœu le plus cher que nous puissions émettre au moment de notre installation. Il est, en effet, indispensable que les magistrats soient liés entre eux par une bienveillance mutuelle et par la même unité de vues pour tout ce qui intéresse le bien du service et la dignité de la Compagnie.

Il importe essentiellement à la bonne administration de la justice, comme vous le savez, Messieurs, de maintenir dans le ressort de ce Tribunal, non-seulement l'exécution des lois, décrets et règlements sur l'ordre et la discipline judiciaires, mais encore d'assurer la complète, la stricte exécution du règlement du Tribunal, qui a été approuvé, le 16 août dernier, par M. le Garde des sceaux. A cet égard, nous serons secondés, nous devons y compter, par les membres du barreau de cette ville.

Messieurs les Avoués, le Tribunal connaît la manière honorable avec laquelle vous remplissez vos fonctions. Vous êtes les auxiliaires de la justice; votre prérogative devant le Tribunal civil, celle de représenter les parties, de défendre leurs droits contre les prétentions injustes, est aussi belle qu'importante. Le Tribunal sait aussi apprécier les généreux et constants efforts que vous employez à la défense des accusés devant la Cour d'assises. En continuant à remplir dignement votre mission, vous acquerrez de nouveaux droits à la confiance des justiciables, et vous partagerez toute la considération dont le législateur a voulu que la magistrature fût environnée.

Monsieur le vice-Président,

Après avoir exercé, pendant plusieurs années, les fonctions du ministère public et ensuite celles de Juge à Melun, vous venez de recevoir un nouveau témoignage de confiance du Gouvernement du Roi; vous justifierez le choix dont vous avez été l'objet et la préférence que Sa Majesté a bien voulu vous accorder en vous appelant à la vice-présidence de ce Tribunal. Fils d'un ancien magistrat, neveu d'un honorable Président que le Tribunal de la Seine a compté parmi ses membres, vous marcherez sur leurs traces. Comme Juge correctionnel, vous contribuerez efficacement, dans l'intérêt de tous les citoyens et de l'ordre public, à la répression de tous les délits dont le jugement vous sera déféré. Comme Juge de commerce, vous accélérerez autant que possible la marche et la conclusion des affaires; car c'est surtout en matière commerciale, quel que soit d'ailleurs l'événement du procès, qu'il est avantageux pour le plaideur de pouvoir être promptement jugé.

Enfin, Monsieur, vous saurez remplir dignement les nouvelles et importantes fonctions qui vous sont aujourd'hui confiées.

Monsieur Passeleu,

En vous appelant à siéger parmi nous, Sa Majesté n'a fait que répondre au vœu des justiciables de cet arrondissement. — Je n'ai pas besoin de chercher à vous exprimer ici, au nom de la Compagnie, avec quel plaisir elle a accueilli votre nomination. Vous réunissez, Monsieur, toutes les qualités, vous offrez toutes les garanties qui doivent distinguer le bon magistrat : l'étude des lois et de la jurisprudence, la théorie du droit éclairée par une longue pratique des affaires judiciaires, vous ont préparé depuis longtemps aux fonctions que vous êtes appelé définitivement à remplir (1).

Le Tribunal profitera de vos lumières et de votre expérience.

Je m'estime heureux, Monsieur, moi votre ancien collaborateur, votre ancien contemporain d'étude, alors que vous étiez déjà l'un des principaux maîtres clercs du Palais, je me félicite de pouvoir être ici l'interprète des sentiments d'estime de cette Compagnie à votre égard et, je n'en doute pas non plus, de ceux du Barreau de Melun, dont vous avez été pendant longtemps l'un des membres les plus distingués.

(1) M. Passeleu était Juge suppléant.

Monsieur Dieudonné,

Vous entrez dans la magistrature sous les plus heureux, sous les plus favorables auspices. Fils d'un ancien magistrat du Tribunal de la Seine, vous avez eu constamment sous les yeux un exemple, un modèle dont vous profiterez pendant tout le cours de la belle et honorable carrière qui s'ouvre devant vous.—Élevé, formé à l'école du Barreau, où vous avez déjà donné des preuves d'aptitude et de capacité, vous ferez maintenant l'application du droit et de la jurisprudence, à l'étude desquels vous vous êtes depuis longtemps consacré.

Tout nous fait ainsi présager que le digne magistrat qui vous a précédé (1) se trouvera dignement remplacé.

Vous pouvez compter, Monsieur, sur l'intérêt et la bienveillance que nous mettrons toujours à seconder vos efforts, comme nous pouvons aussi, de notre côté, sans doute, compter sur votre zèle et votre exactitude à concourir à la bonne administration de la justice.

Le Tribunal donne acte au ministère public de la lecture et de l'ordonnance du Roi, portant nomination de MM. Millot, Passeleu et Dieudonné en qualité de vice-Président, de Juge et de Juge suppléant du Tribunal; lui donne également acte de la lecture de l'arrêt de la Cour royale devant laquelle ils ont prêté serment.

En conséquence, les déclare installés. — Enjoint à tous les officiers ministériels de les reconnaître en leurs dites qualités.— Et les invite à vouloir bien venir prendre place au Bureau.

(1) M. Dieudonné succédait à M. Passeleu, Juge suppléant, son beau-père.

OBSERVATIONS DU PRÉSIDENT

SUR L'ÉTAT DE

STATISTIQUE JUDICIAIRE DU TRIBUNAL EN MATIÈRE CIVILE

PENDANT L'ANNÉE 1841

21 avril 1842

—

Résultat de la statistique judiciaire

Le nombre des affaires civiles jugées par le Tribunal de Melun, en 1841, est plus considérable que celui des années précédentes. Peu d'avant faire droit, de jugements préparatoires ont été rendus; les incidents n'ont été élevés que fort rarement; enfin, il n'y a pas eu, pendant le cours de la dernière année, un seul jugement prononçant la nullité d'une procédure entière, et ce résultat prouve que les avoués du Tribunal connaissent les véritables intérêts de leurs clients et qu'ils ne cherchent pas à émolumenter en augmentant le nombre des procès.

La composition, l'exactitude du tableau de statistique judiciaire pour 1841 sont dus, en grande partie, au travail et au zèle du Greffier en chef et de ses commis.

A cette occasion, nous aurons l'honneur de soumettre à M. le Garde des sceaux les observations suivantes :

Le Tribunal de Melun, chef-lieu judiciaire du département de Seine-et-Marne, se divise en deux Chambres.

Greffe. — Insuffisance du personnel et des traitements des Greffiers et Commis

Les magistrats, le Greffier en chef et les deux Commis-Greffiers qui le composent, indépendamment de la connaissance qui leur est dévolue des affaires civiles, de commerce et de police correctionnelle, sont encore appelés à siéger successivement aux audiences d'appel de police correctionnelle et de Cour d'assises.

L'un des Commis-Greffiers est habituellement occupé à la Chambre d'instruction, l'autre siége aux audiences ordinaires ; il y en a *quatre* et, tous les quinze jours, *cinq* par semaine. S'il y a lieu de procéder à une enquête, un interrogatoire sur faits et articles, etc..., il est de toute nécessité que le Greffier en chef prête son assistance au Juge-Commissaire, en sorte qu'il ne reste plus d'employé au Greffe.

Cet inconvénient peut encore se renouveler et s'est, en effet, déjà renouvelé plusieurs fois pendant la tenue des sessions de la Cour d'assises.

La loi n'a point imposé au Greffier en chef l'obligation d'ajouter au traitement de chacun de ses Commis, qui n'est que de 600 fr. par an, et, cependant, il y a nécessité de le faire ; malgré une augmentation volontaire de la part du Greffier, qui est ordinairement de 250 à 400 fr. pour chaque Commis-Greffier, leur traitement est encore insuffisant et n'est point malheureusement en rapport avec la capacité que l'on exige d'eux, avec les services qu'ils rendent, enfin avec les dépenses qu'ils ont à faire pour exister dans une ville comme celle de Melun. Il serait donc important, dans l'intérêt du service et de la prompte expédition de toutes les affaires, d'augmenter le traitement des deux Commis-Greffiers du Tribunal de Melun et même d'en avoir un troisième.

Frais judiciaires. — Taxe.

En ce qui concerne les frais de justice, nous pensons qu'il serait à désirer, pour mettre un terme aux réclamations qui se reproduisent encore assez souvent, d'introduire dans la loi une disposition nouvelle d'après laquelle tous les officiers ministériels, et notamment les avoués de toutes les parties en cause, ne pourraient demander et recevoir les honoraires qui leur sont attribués par le tarif, non plus que leurs déboursés, que sur la représentation par eux faite aux débiteurs des mémoires desdits frais et honoraires dûment taxés, avec offre de remettre tous les titres et pièces de procédure à l'appui.

LE PRÉSIDENT DU TRIBUNAL

NOMMÉ PRÉSIDENT DU BUREAU DÉFINITIF

A MM. LES ÉLECTEURS DU DÉPARTEMENT DE SEINE-ET-MARNE (1)

9 juillet 1842

MESSIEURS,

Je dois vous exprimer ma reconnaissance et mes remercîments du témoignage d'estime et de confiance dont vous avez bien voulu m'honorer en me confiant les fonctions de Président du Collége.

Je m'efforcerai d'apporter à la mission qui m'est confiée toute mon attention. Elle consiste surtout à maintenir le bon ordre, à assurer la liberté et la régularité de l'élection.

J'apporterai, dis-je, à cette importante mission tout le soin et le zèle que l'on doit attendre d'un bon citoyen, d'un magistrat dévoué aux intérêts du pays et aux institutions de notre Gouvernement.

ADRESSE AU ROI

A L'OCCASION DE LA MORT DE S. A. R. MONSEIGNEUR LE DUC D'ORLÉANS

14 juillet 1842

SIRE,

Les membres du Tribunal civil de Melun, à la nouvelle du coup affreux qui vient de frapper le cœur de Votre Majesté,

(1) M. Drouyn de Lhuis a été nommé député.

s'empressent de venir déposer à ses pieds l'expression de leur profonde douleur, et des regrets les plus vifs et les plus sincères.

Nous pleurons dans votre auguste fils un prince que ses hautes destinées et les plus éminentes qualités appelaient à continuer un jour votre règne pour la prospérité et pour la gloire de la France.

Sire, votre courage, dans cette circonstance terrible et à jamais déplorable, égalera votre amour et votre dévouement pour la patrie.

Nous espérons que la Providence ne cessera pas de veiller sur la conservation de vos jours ; c'est le plus cher et le plus ardent de nos vœux.

Nous sommes avec le plus profond respect,

SIRE,

De Votre Majesté,

Les très-humbles et très-fidèles serviteurs et sujets.

(Suivent les signatures.)

INSTALLATION

DE M. LE VICOMTE ROLLAND D'ERCEVILLE

EN QUALITÉ DE JUGE SUPPLÉANT

EN REMPLACEMENT DE M. TREILHARD, NOMMÉ SUBSTITUT A NOGENT-SUR-SEINE

26 juillet 1842

—

MONSIEUR,

Vous appartenez à une famille d'anciens et honorables magistrats ; la carrière qui s'ouvre devant vous, vous mettra à même de marcher sur leurs traces.

Vous succédez à l'un de nos jeunes collègues que son mérite

a appelé à une place supérieure et qui soutiendra, sans doute, dans la magistrature, l'honneur et la gloire du grand nom qu'il porte.

Nous espérons, Monsieur, que vous réunirez, comme il l'a fait, vos efforts aux nôtres, pour la bonne administration de la justice sous l'inspiration d'un égal dévouement au Roi et aux institutions de notre Gouvernement constitutionnel.

Le Tribunal donne acte au Procureur du Roi de la lecture de l'ordonnance, etc.

INAUGURATION

DU PORTRAIT DE M. LE PRÉSIDENT DESPATYS

PLACÉ DANS LA CHAMBRE DU CONSEIL DU TRIBUNAL CIVIL

20 décembre 1842

—

MONSIEUR DESPATYS (1),

Je m'estime heureux d'être ici, à l'occasion de cette solennité, l'interprète de tous nos collègues, et de pouvoir vous exprimer tous nos remercîments. Monsieur votre frère et vous, vous vous êtes empressés de répondre au vœu unanime des membres du Tribunal, qui désiraient vivement posséder, pour le conserver précieusement au milieu d'eux, le portrait de Monsieur votre père.

Son image vénérée, constamment placée sous nos yeux dans la chambre de nos délibérations, rappellera sans cesse le modèle de toutes les vertus et de toutes les qualités éminentes qui distinguent le véritable magistrat.

Nous nous rappellerons surtout le savoir, fruit de l'étude et d'une longue expérience, l'esprit de justice et d'équité qui dic-

(1) M. Albert Despatys, Conseiller de préfecture à Melun, fils aîné de M. le Président Despatys.

taient les opinions et motivaient les décisions de l'honorable M. Despatys.

Nous savons avec quelle dignité naturelle, quelle gravité toujours empreinte d'une douce bienveillance, il écoutait et recueillait les avis de chacun de nous; enfin, nous n'oublierons pas l'exactitude, le calme et la patience, toujours si nécessaires pour délibérer avec fruit, qu'il apportait à diriger, à éclairer les discussions.

Tâchons, Messieurs, de suivre un si bel et si noble exemple, et de pouvoir mériter un jour les sentiments de respect, d'estime, d'affection et de regrets que nous inspirera toujours la mémoire de M. le Président Despatys.

OBSERVATIONS DU PROCUREUR DU ROI (1)

SUR L'ÉTAT DE

STATISTIQUE JUDICIAIRE DU TRIBUNAL EN MATIÈRE CIVILE

PENDANT L'ANNÉE 1842

Mai 1843

—

Nombre et nature des affaires.

Le Tribunal de Melun a eu à juger, en 1842, 455 affaires, dont 389 ont été terminées par jugement; 66 seulement restent à juger. Il y a donc, sous le rapport de l'expédition des procès, amélioration, comparativement à l'année 1841, qui, sur un total inférieur de 447 affaires, a laissé à l'année 1842 un arriéré de 92 affaires.

Les procès qui sont les plus nombreux en 1842 sont, comme en 1841, les demandes en payement d'obligations; les affaires

(1) M. Saint-Gille.

qui viennent en second ordre, par le nombre, sont celles en partage de succession, dont le chiffre (36) est à peu près égal à celui de l'année 1841 (33). Les demandes en séparation de corps sont heureusement rares : il y en a eu 4 en 1842; en 1841, il y en avait eu 5.

Frais de jutice. — Avocats des pauvres.

Il faut reconnaître que beaucoup plus d'affaires seraient portées devant le Tribunal de Melun, comme devant tous les Tribunaux de France, si les frais des procès n'étaient pas si onéreux et si les familles pauvres qui ont des droits litigieux à faire valoir n'étaient pas réduites par leur misère à l'impossibilité de recourir à la justice. Dans chaque Compagnie d'avoués près les Tribunaux de première instance, deux de ces officiers ministériels devraient être obligés, chaque année, à tour de rôle, de prêter gratuitement leur ministère aux malheureux; la même charge devrait retomber sur les Compagnies d'huissiers. Le Gouvernement apporterait aussi directement son concours, en faisant remise des droits de timbre et d'enregistrement aux plaideurs dont l'indigence serait dûment constatée. A une époque où tous les bons esprits comprennent la vanité de l'extension des droits politiques réclamée en faveur des masses, et sentent en même temps la nécessité d'améliorer l'état matériel des classes pauvres, une telle institution de bienfaisance, créée dans le ressort de l'administration judiciaire, aurait son caractère de grandeur et son but incontestable d'utilité.

Juges de paix.

L'état des Justices de paix, pour l'année 1842, présente les aperçus suivants :

778 affaires ont été portées aux audiences des Juges de paix de l'arrondissement. (En 1841, le chiffre était un peu plus élevé : 811.) Sur ce nombre de 778 affaires, 749 ont été jugées; 29 seulement restent à juger; 137 étaient susceptibles d'appel; 14 appels ont été formés.

Sur 124 affaires portées en conciliation, 24 seulement ont été conciliées : ce n'est pas tout à fait le sixième. Sous ce rapport, les résultats de l'année 1842 sont moins favorables que ceux de l'année 1841.

En 1841, des 182 affaires portées en conciliation, 51 ont été conciliées : c'est plus que le quart.

Traitement des Commis-greffiers.

Le Procureur du Roi se félicite de ce que l'idée qu'il a émise, sur la nécessité de rendre l'accès des Tribunaux civils facile aux indigents, soit fortifiée de l'adhésion de M. le Président du Tribunal de Melun, et se joint lui-même à ce magistrat pour appuyer ses observations tendantes à l'augmentation du traitement des Commis-greffiers, à la création d'un troisième Commis au Greffe, et à ce que la taxe devienne obligatoire pour les Avoués.

OBSERVATIONS

DE M. LE PRÉSIDENT DU TRIBUNAL DE MELUN

SUR LE MÊME ÉTAT DE STATISTIQUE

Le Président du Tribunal se joint au Procureur du Roi pour présenter les mêmes observations sur le résultat du présent compte rendu.

Il ne saurait trop insister sur l'utilité et l'avantage qu'il y aurait d'imposer, chaque année, à deux Avoués, à deux Avocats et à deux Huissiers, la mission honorable et gratuite de prêter leur ministère aux malheureux devant le Tribunal où ils exercent, après avoir pris l'avis de leur Chambre respective sur l'opportunité de la demande (1).

(1) Les indigents ne peuvent obtenir que difficilement justice à l'égard des autres citoyens, si des mesures d'humanité ne sont pas introduites à leur égard.

La justice doit être égale ; elle doit être accessible pour tous, et cependant il arrive souvent que de pauvres justiciables ne peuvent faire valoir leurs droits, et sont obligés parfois de les sacrifier, à défaut de ressources pécuniaires qui puissent les mettre à même (dans les petites villes) de consulter gratuitement les avoués ou autres officiers ministériels, et de se pourvoir ensuite, s'il y a lieu, devant le Tribunal.

Défenseur d'office en matière correctionnelle.

Il serait aussi à désirer que la disposition de l'article 294 du Code d'instruction criminelle, qui charge le Juge de nommer d'office un défenseur à l'accusé traduit devant la Cour d'assises, fût déclarée applicable en matière correctionnelle.

Frais et dépens en matière civile.

En ce qui concerne les frais et dépens en matière civile, le Président estime qu'il y aurait lieu de décider législativement, par analogie à ce qui se pratique en matière de ventes judiciaires d'immeubles, articles 701, 964 et 972 de la loi du 2 juin 1841 : « Que les avoués (et autres officiers ministériels), dans « toutes les affaires, avant de réclamer le payement des frais « par eux faits, tant au demandant qu'au défendant, seront « préalablement tenus de les faire taxer. »

Greffiers.

Enfin, le Président reproduit ici l'observation qu'il a déjà eu

En matière criminelle, ils jouissent de priviléges ; le ministère public fait assigner, sur leur demande, des témoins à décharge ; un avocat leur est nommé d'office. (V. Dupin aîné, *Profession d'avocat.*)

En matière civile, les indigents sont laissés sous l'empire de la loi commune ; le ministère public intervient rarement. On a créé dans quelques barreaux un Conseil des pauvres...... Il en existe dans certaines Compagnies d'avoués ; mais cette mesure, qui n'a point été prescrite par la loi, est loin d'avoir été imitée généralement. Il faut toujours d'ailleurs acquitter les droits de greffe, de timbre et d'enregistrement. (V. *Étude sur l'institution de l'Avocat des pauvres*, par J.-C.-M. Dubeux. X..., libr., quai des Augustins, 45.)—(V. *Revue indépendante*, 7e année, 2e série, Xe vol., p. 171.)

l'honneur de présenter, l'année dernière, sur la nécessité absolue d'augmenter le traitement des Commis-greffiers, et d'avoir, pour le greffe du tribunal de Melun, chef-lieu judiciaire de Cour d'assises, un troisième employé, afin de pouvoir assurer et concilier, pendant toute l'année, le service des audiences, celui du Juge d'instruction, le travail que nécessitent les enquêtes, les convocations de créanciers en matière de faillite, etc., avec la prompte et régulière expédition des actes et de toutes les autres affaires du greffe.

LE PRÉSIDENT DU TRIBUNAL CIVIL

AUX ÉLECTEURS DU CONSEIL MUNICIPAL DE MELUN

14 juin 1843

MESSIEURS,

Je suis très-reconnaissant de l'honorable témoignage de confiance que vous venez de me donner.

Ma famille est originaire du département de Seine-et-Marne (1).

Il y a dix-huit ans que je demeure à Melun. Je me trouve actuellement l'un des plus anciens fonctionnaires de cette ville. Il m'est donc permis de me considérer comme un de vos compatriotes, un de vos concitoyens.

Je vous prie d'être persuadés que j'en remplirai tous les devoirs et toutes les obligations, comme membre du Conseil municipal.

(1) De Bray-sur-Seine.

INSTALLATION DE M. GANNERON

SUBSTITUT DU PROCUREUR DU ROI

EN REMPLACEMENT DE M. DE GAUJAL, NOMMÉ SUBSTITUT A PARIS

21 septembre 1843

—

MONSIEUR,

Votre réputation de magistrat laborieux et distingué vous a précédé ici.

Vous avez, depuis longtemps déjà, fait vos preuves au Tribunal de Meaux, l'un des plus importants et des plus occupés du ressort. Nous avons été à même d'apprécier souvent, en examinant les affaires d'appel de police correctionnelle et de Cour d'assises, tout le soin et le zèle que vous apportez à remplir vos fonctions.

Appelé, par votre mérite et les services que vous avez rendus, au chef-lieu judiciaire de ce département, vous marcherez sur les traces de votre prédécesseur. Nous perdons en lui un digne magistrat, un excellent collègue que recommandent également ses qualités publiques et privées. Son caractère, son amour du travail, ses connaissances acquises, enfin son dévouement au Gouvernement du Roi, nous répondent de son avenir.

Nous retrouverons en vous, Monsieur, toutes ces bonnes et précieuses qualités ; soyez persuadé que notre concours et notre appui ne vous manqueront pas pour la bonne administration de la justice.

ꞏRENTRÉE DU TRIBUNAL

DISCOURS DE M. LE PRÉSIDENT

Novembre 1843

—

MESSIEURS ,

Après le discours remarquable qui vient d'être prononcé par
M. le Procureur du Roi (1), discours rempli de souvenirs histo-
riques si précieux pour le Tribunal de Melun, nous nous borne-
rons à ajouter quelques mots à l'occasion de la reprise de nos
travaux judiciaires.

Nous recommandons aux Avoués, au nom du Tribunal, d'apporter dans l'exercice de leurs fonctions le soin, l'exactitude et
l'activité dont ils ont déjà fait preuve, d'éviter, dans l'intérêt
des parties, d'augmenter les frais et, enfin, de remplir tous les
devoirs qui leur sont communs avec les autres officiers ministériels.

Vous n'oublierez pas, Messieurs les Avoués, que vous avez ici
la double tâche, le double mérite de réunir à la profession indispensable d'avoué, la noble profession d'*avocat*; il vous appartient donc aussi, suivant les circonstances, de faire preuve
de désintéressement pour défendre les malheureux et les plaideurs de bonne foi. Appelés à soutenir devant nous tous les
droits et les intérêts des citoyens, vous êtes préposés pour être
les gardiens et les défenseurs des bonnes doctrines, et pour donner l'exemple de la soumission aux lois et aux règlements du
Tribunal.

Vous prendrez donc à cœur, Messieurs, d'apporter, pour l'introduction des demandes, dans la direction des procédures,
dans le choix et la discussion de vos moyens, autant de discernement judicieux que de convenance et de bonne foi.

(1) M. Saint-Gille.

OBSERVATIONS DU PROCUREUR DU ROI

SUR L'ÉTAT DE

STATISTIQUE JUDICIAIRE DU TRIBUNAL EN MATIÈRE CIVILE

PENDANT L'ANNÉE 1843

30 avril 1844

—

Nombre, nature et expédition des affaires.

Le nombre des affaires est resté le même à peu près qu'en 1842 ; 451 , au lieu de 455 ; ce nombre se compose de 345 affaires inscrites au rôle général et 106 portées directement devant le Tribunal par une voie quelconque ; toutes ces dernières affaires ont été jugées dans le cours de l'année. Sur les premières, 265 ont été terminées et 80 restent à juger. Le nombre des affaires restant à juger de l'année précédente n'était que de 66 ; ainsi, l'arriéré s'est un peu accru, sans que le nombre total des affaires ait augmenté. Toutefois, ce résultat est encore satisfaisant, puisque c'est une proportion de 25 pour cent sur les affaires à juger, tandis que, pour tout le royaume, la proportion moyenne est de 28 pour cent.

Les affaires ont été promptement jugées ; sur 265 terminées, 185, plus des deux tiers, l'ont été dans les trois mois de l'inscription au rôle, et 220, c'est-à-dire plus des quatre cinquièmes, dans les six mois.

Sur les 80 affaires non jugées, plus de moitié étaient inscrites depuis moins de trois mois.

La proportion des avant faire droit s'est un peu améliorée, 69 au lieu de 88, sur quoi 51 facultatifs au lieu de 78 s'appliquent aux affaires terminées. Ce rapport est assez élevé, 40 sur 265, c'est un avant faire droit sur six affaires ; il est vrai, comme on le voit par la répartition du cadre E, que, sur les 51

avant faire droit facultatifs, il se trouve 13 comparutions de
parties en personne, qui sont généralement un excellent moyen
d'instruction et de bonne justice; mais l'expérience ne permet
pas d'en dire autant des rapports d'experts qui n'offrent, en général, qu'une voie fort incertaine, fort lente et fort coûteuse. Le
nombre de ces jugements qui étaient tous facultatifs, et qui était
de 34 en 1843, n'a été que de 20 cette année. Sans pouvoir apprécier la raison de cette différence, c'est un bon résultat à constater.

Ordres et contributions.

L'expérience des procédures d'ordre et de contribution laisse
encore pourtant à désirer plus de célérité ; il en reste 15 sur 34
qui n'ont pas été terminées ; sur ce nombre, il n'y en a que trois
provisoires et dix ont plus de quatre mois de date depuis l'ordonnance d'ouverture. Il ne faut attribuer ces lenteurs ni aux
négligences des magistrats, ni au défaut de temps qu'ils pourraient consacrer à l'expédition de ces affaires. Les causes générales
de ces retards sont connues : mais les Juges-Commissaires, sa-
chant qu'ils n'ont aucune action directe sur la marche des procédures, ni aucun moyen légal d'exiger la production des pièces,
attendent tout des diligences des Avoués; et ceux-ci ayant peu
d'intérêt à mettre fin à ces procédures, surtout ceux dont les
clients ont peu de chance d'arriver au rang utile, il en résulte
des délais sans nombre, sous toutes sortes de prétextes ; ce sont
des pièces qu'il faut réclamer, ce sont des droits incertains qu'il
faut examiner, puis des négociations de transaction ; et il suit
de là qu'après l'ordre d'ouverture, un grand nombre de ces
procès dorment au Greffe, où chacun les oublie. L'article 753
n'ayant fixé aucun délai pour faire les sommations de produire,
j'ai eu occasion à Melun de reconnaître qu'après l'ordonnance
d'ouverture, les Avoués avaient tous retiré les pièces d'abord
déposées, sans qu'il eût été dressé procès-vebal, de sorte que
l'ordre figurait indéfiniment sur les états périodiques, sans qu'il
fût possible d'indiquer s'il était abandonné, ou quelles étaient
les causes qui pouvaient en retarder la conclusion.

Justices de Paix.

Les états des affaires conciliées en dehors de l'audience ne peuvent fournir que des renseignements incertains, chaque Juge de paix tenant un registre plus ou moins exact et pouvant considérer, comme affaires portées devant lui, de simples consultatations qui lui sont demandées par les justiciables, sans avoir le caractère de véritables contestations soumises à son appréciation.

Les affaires portées à l'audience sont, en général, bien jugées ; mais cependant le nombre des avant faire droit paraît excessif : 205 sur 974, c'est plus du cinquième ; la moyenne, pour tout le royaume, n'est que de 14 pour cent, à peu près le septième ; il est à remarquer à ce sujet que les Juges de paix de Melun qui ont le plus d'affaires, et qui rendent le mieux la justice, sont ceux qui ont prononcé le moins d'avant faire droit.

La substitution obligée de l'avertissement à la citation a produit de très-bons résultats ; mais ne pourrait-on pas prévenir d'autres abus qui pèsent sur les habitants des campagnes , surtout dans les cantons ruraux ?

Huissiers des Cantons ruraux.

Les Huissiers sont leurs conseils naturels et, sous prétexte de diriger leurs intérêts et de protéger leurs droits, ils multiplient extra-judiciairement, sans raison et sans mesure, ou des actes d'exécution ou des actes conservatoires qui ne parviennent pas à la connaissance des magistrats ; actes qui, en eux-mêmes, ne contiennent que des perceptions légales que les Juges de paix ne seraient pas en droit de censurer, qu'ils ne se donneraient même pas la peine d'examiner, mais qui n'en sont pas moins un impôt onéreux et abusif levé par la cupidité des Huissiers sur l'ignorance de leurs clients.

OBSERVATIONS

DE M. LE PRÉSIDENT DU TRIBUNAL DE MELUN

SUR LE MÊME ÉTAT STATISTIQUE

—

Le Président du Tribunal, en ce qui concerne la statistique judiciaire de 1843, se réfère au résumé présenté par le Ministère public et aux observations dont il reconnaît la justesse et la parfaite exactitude.

Ordres et contributions. — Droits d'enregistrement.

Il regrette avec lui, qu'en matière d'ordres et de contributions, la loi n'ait pas accordé un délai pour les sommations de produire. En fait, dans la pratique, et le plus souvent même par la force des choses, le délai d'un mois, à partir de la sommation, pour déposer les productions au Greffe, est devenu purement comminatoire. Il serait à désirer, dans ces sortes de poursuites toujours si dispendieuses, que les droits d'enregistrement ne fussent pas aussi multipliés et aussi onéreux pour les parties, et qu'à l'instar de ce qui se pratique pour les vérifications et répartitions de créances dans les faillites, les procès-verbaux ne fussent passibles que d'un droit fixe, sans droits de titre.

Liquidation des dépens en matière sommaire.

En ce qui concerne la liquidation des dépens en matière sommaire,

Elle doit, aux termes des articles 543 du Code de procédure, 1er et 9, § 2 du décret du 16 juillet 1807, être faite par les jugements qui les ont adjugés.

Cette disposition de la loi est le plus souvent éludée; elle manque de sanction, car elle n'a pas été prescrite à peine de nullité. Il est bien vrai que les frais de liquidation postérieurs au jugement exécutoire qu'il est nécessaire de prendre ont dû rester à la charge de la partie qui a obtenu les dépens ; mais ne devraient-ils pas, dans tous les cas, rester à la charge de l'Avoué ?

Frais de Ventes judiciaires. — Taxe.

A l'égard de la taxe des frais toujours si considérables en matière de vente judiciaire des biens immeubles, il existe parmi les Tribunaux du ressort une grande et bien fâcheuse divergence d'opinions.

La circulaire de M. le Garde des sceaux, du 20 août 1842, qui a interprété dans un sens rectificatif les dispositions des articles 3, 9, 10 et 11 du tarif du 10 octobre 1841, n'est point généralement observée.

A l'occasion de cette circulaire, les Avoués de première instance ont fait imprimer et ont adressé, le 25 novembre 1842, une supplique au Roi, dans laquelle ils soutiennent que les restrictions apportées au tarif ne sauraient obtenir la sanction des Tribunaux.

Dans ces circonstances, il serait indispensable, pour faire cesser, dans une matière aussi importante, toute espèce de doute et de dissidence, et pour ne pas s'écarter davantage du système d'économie qui a présidé à la rédaction de la loi du 2 juin 1841 sur les ventes judiciaires, de parvenir à l'exécution de l'article 10 de ladite loi par une nouvelle ordonnance royale.

Greffe.

Le Président du Tribunal, en ce qui concerne le moyen d'arriver à l'expédition plus prompte et plus régulière des affaires au Greffe du Tribunal civil, de commerce et de la Cour de Melun, ne pourrait que reproduire ici, en terminant, les observations qu'il a déjà consignées sur les états de compte de l'administration de la justice à Melun, en matière civile, rendue pendant les deux dernières années, 1841 et 1842.

RENTRÉE DU TRIBUNAL

DISCOURS DE M. LE PRÉSIDENT

5 novembre 1844

—

« Messieurs,

« A l'occasion de la reprise des travaux de cette nouvelle année judiciaire, j'ajouterai au discours de M. l'Avocat du Roi, qui renferme de si graves et utiles enseignements, quelques observations relatives aux fonctions qui entrent dans l'ordre de l'administration de la justice.

« Notre mission, à nous magistrats, Messieurs, est d'apporter une attention religieuse, un examen scrupuleux et assidu aux affaires qui nous sont soumises, de nous consacrer à l'étude des lois, dans une carrière où la science n'est pas moins nécessaire que l'amour de la justice ; enfin, de réunir tous nos efforts pour rendre bonne et prompte justice. Nous disons, Messieurs, prompte justice, car on l'a répété depuis longtemps avec raison : « *L'état de guerre judiciaire tourmente l'existence de ceux qui* « *le subissent, lors même qu'ils se présentent comme enrôlés vo-* « *lontaires.* »

Nombre des affaires inscrites et jugées.

« Pendant l'année qui vient de s'écouler du 1er octobre 1843 au 1er octobre 1844, nous avons, Messieurs, à nous féliciter de ce que l'expédition des procès n'a point souffert de retard.

« 589 affaires, tant civiles que commerciales, ont été inscrites au rôle.

« 533 ont été jugées indépendamment de celles arriérées de l'année précédente, au nombre de 63 ; il en résulte qu'il ne restait plus à juger que 56 procès dans lesquels, pour la plupart, des avant faire droit ont été ordonnés.

4

Affaires criminelles.

« A l'égard des procès correctionnels, le Tribunal a jugé, sur appel des Tribunaux correctionnels du département, 54 affaires, et 249 en première instance.

« Tel est le résultat des travaux du Tribunal pendant le cours de l'année judiciaire, jusqu'au 1er octobre dernier.

Greffiers.

« De tous les fonctionnaires qui tiennent à l'ordre judiciaire, il n'y en a pas, Messieurs, qui aient autant de rapports avec les Juges que les Greffiers. Ils sont les dépositaires de tous les actes du Tribunal. A ce titre ils doivent mériter la plus grande confiance; leurs fonctions exigent autant d'intégrité et de capacité que d'ordre, d'exactitude et de discrétion. Le défaut d'une seule de ces qualités essentielles pourrait avoir les résultats les plus préjudiciables dans l'intérêt des particuliers et de l'ordre public.
« Un Greffier ancien (a dit un célèbre jurisconsulte, un illustre
« Chancelier du seizième siècle), un Greffier instruit, exercé
« dans tous les actes de son ministère, possédant bien les pré-
« cédents de sa juridiction, soigneux dans la tenue et la garde
« de ses registres, est vraiment le doigt du Tribunal. *Digitus*
« *est cureæ egregius.* » Nous croyons, Messieurs, pouvoir rendre justice ici aux lumières et au travail du Greffier en chef de ce Tribunal (1), ainsi qu'au zèle de ses collaborateurs. S'il est vrai que, sous quelques rapports, l'administration du Greffe a laissé à désirer, nous avons lieu d'espérer aujourd'hui que, pourvu désormais d'un personnel suffisant et éclairé, aucune des parties du service ne sera négligée.

Avocats et Avoués.

« Chargés des intérêts des parties et de les représenter devant le Tribunal, les Avocats et Avoués sont des auxiliaires de la justice, ils ne doivent jamais oublier que leur mission est de

_____
(1) M. Dardenne.

défendre les droits légitimes contre les prétentions injustes, et que les actions autorisées et les formalités prescrites par la loi, ne doivent pas avoir d'autre objet que de faire triompher le bon droit.

« Vous continuerez, Messieurs les Avoués, à faire preuve de bonne foi, de loyauté et de talent, dans l'exposition, dans la discussion des moyens de fait et de droit ; vous ferez preuve en même temps d'exactitude à vous conformer aux règlements du Tribunal. Les rapports habituels, la bonne harmonie qui n'ont pas cesser d'existé ici entre la Magistrature et le Barreau témoigneront toujours de l'estime dont elle vous environne, comme aussi du respect qu'elle a le droit d'attendre de vous, comme déléguée du Souverain pour exercer en son nom l'une de ses plus hautes et plus nobles prérogatives, celle de rendre la justice.

Notaires.

« Les Notaires participent aussi aux fonctions honorables de la Magistrature.

« La loi et le vœu des parties les investissent d'une confiance nécessaire ; ils exercent une juridiction volontaire qui les rend les arbitres des plus chers intérêts ; ils sont souvent appelés à remplir un ministère de paix et de conciliation, d'où dépendent le repos des familles, la sûreté des biens et l'inviolabilité des engagements ; enfin, toutes les qualités publiques et privées indispensables aux Notaires pour remplir dignement leurs fonctions doivent leur mériter le choix et la confiance des clients, sans que jamais il leur soit nécessaire de les rechercher et de les solliciter.

« La rédaction claire et précise des actes doit faire preuve du soin et de la prévoyance qu'ils mettent à éviter des difficultés d'interprétation et les procès qui en sont trop souvent la suite. Ils doivent, autant que possible, s'assurer de la moralité de leurs clients, et s'attacher à connaître la véritable cause des obligations ; enfin, ils ne doivent point chercher à éluder dans les actes les droits du Trésor public.

« Un noble désintéressement et la perception régulière des

droi!s et honoraires qui ont été fixés par la loi concourront à perpétuer dans cet arrondissement les traditions d'honneur, de loyauté et de délicatesse, dont le Notariat offre de si nombreux exemples.

Commissaires-Priseurs.

« La loi du 27 ventôse an VII et celle du 18 juin 1843 ont déterminé les devoirs et les obligations des Commissaires-Priseurs. Ils doivent se renfermer rigoureusement dans la sphère de leurs attributions. Ils ne peuvent se permettre aucune opération de commerce, et devenir marchands, d'officiers publics qu'ils sont. L'exemple terrible que la justice criminelle a fait dans cet arrondissement, à l'occasion de concussions et de prévarications commises par des Commissaires-Priseurs, doit effrayer ceux qui seraient tentés de les imiter ; et nous sommes à coup sûr, Messieurs, loin de penser que le sentiment du devoir, que les sentiments héréditaires d'honneur et de probité du Commissaire-Priseur de Melun ne soient pas suffisants pour le maintenir dans la ligne de ses fonctions.

Huissiers.

« Les attributions que les Huissiers ont reçues de la loi sont aussi de la plus haute importance. Chargés de former les demandes en justice, de signifier tous les actes nécessaires à l'instruction des procès, et de la mise à exécution des jugements, ils ne peuvent déléguer ces mêmes fonctions à d'autres sans encourir la plus grave des responsabilités.

« Le décret du 14 juin 1813, entre autres prescriptions trop souvent oubliées, recommande aux Huissiers de mentionner avec détail, au bas de chaque exploit, le coût de ce même exploit. Il exige, en même temps, que l'écriture des actes à signifier soit toujours parfaitement lisible, de manière à ce que les plaideurs, et surtout les accusés, puissent prendre connaissance eux-mêmes du contenu de ces actes et préparer leurs moyens de défense.

« Nous devons aussi rappeler, en terminant, que les Huissiers audienciers, investis de la confiance particulière du Tribunal, ne doivent pas perdre de vue qu'il leur appartient de faire respecter ses décisions et de maintenir aux audiences le silence et le bon ordre.

« C'est, Messieurs, en remplissant avec exactitude les devoirs et les obligations qui nous sont respectivement imposés par les lois et les règlements disciplinaires, que le témoignage d'une bonne conscience et la considération générale seront la récompense de chacun, et que nous prouverons, en servant la chose publique, notre dévouement au Roi des Français, à son Auguste Famille et aux institutions de notre Gouvernement constitutionnel. »

INSTALLATION DE M. CASTEL

JUGE A MANTES

NOMMÉ JUGE A MELUN EN REMPLACEMENT DE M. LAGRENÉE

NOMMÉ JUGE A VERSAILLES

25 mars 1845

—

Monsieur,

Vous avez été appelé, par Sa Majesté, a succéder à un magistrat qui emporte tous les regrets de la Compagnie, et qui vient d'obtenir comme vous un avancement mérité par de longs services.

M. Lagrenée s'est toujours fait remarquer au milieu de nous par son zèle, par ses lumières et son amour pour le travail. Toutes les affaires, même les moins importantes, comme celles chargées des détails les plus longs et les plus minutieux, il s'en occupait avec le même soin, avec l'attention la plus scrupuleuse.

Son exactitude, son assiduité et son dévouement à ses devoirs de magistrat (abstractoin faite de toutes considérations personnelles) ne se sont jamais démentis.

Ses relations avec ses collègues ont toujours été faciles et agréables.

Nous serons heureux, Monsieur, de retrouver et d'entretenir avec vous les mêmes rapports, et de profiter de l'expérience et des lumières d'un bon et utile collaborateur.

Veuillez, Monsieur, prendre place au milieu de nous.

(*Acte de la lecture de l'Ordonnance, etc.....*)

OBSERVATIONS DU PROCUREUR DU ROI

SUR L'ÉTAT DE

STATISTIQUE JUDICIAIRE DU TRIBUNAL EN MATIÈRE CIVILE

PENDANT L'ANNÉE 1844

Mai 1845

—

Les résultats de cette année sont à peu près les mêmes que ceux de l'année précédente et continuent d'être satisfaisants. On doit toutefois signaler les différences suivantes :

Nombre des Affaires. — Arriéré.

Le nombre des affaires inscrites s'est accru de 345 à 377=32; l'arriéré, qui déjà s'était élevé en 1843 sur 1842 de 66 à 80, le nombre des affaires étant resté le même (455=451), s'est élevé cette année à 92 sur 483 affaires; et sur ce nombre 67 ont plus de trois mois d'inscription au rôle. Il serait difficile de préciser la cause de ce résultat, qui du reste présente encore un avantage sur la moyenne de l'arriéré constaté par les dernières statistiques pour tout le royaume; et il est juste, en outre, de remarquer que sur le nombre des affaires du rôle jugées, au nombre de 217, 191, la presque totalité étaient inscrites depuis moins de trois mois, tandis que la moyenne des affaires jugées dans ce délai, par tous les tribunaux, n'est que de 35 pour cent.

Le tableau des ordres présente des résultats moins satisfaisants encore que l'année précédente ; plus de moitié, 12 sur 23, restaient à terminer, et, sur ce nombre, 8 avaient plus de quatre mois de date.

Justices de paix.

On remarque aussi, dans les affaires portées devant les Justices de paix, une légère augmentation de 974 à 1,032. Devant ces juridictions, le nombre des jugements préparatoires est descendu de 205 à 143, ce qui est une amélioration ; mais sur 178 affaires portées à l'audience en conciliation, et dans 146 desquelles les parties ont comparu, il n'y en a eu que 44 conciliées, ce qui donne moins d'une conciliation sur trois affaires, tandis que la moyenne pour tout le royaume est de 52 pour cent.

Le nombre des avertissements a dimunué de près de 200. Il paraît impossible d'établir entre ces divers résultats un lien qui conduise à une conclusion certaine.

Actes notariés.

Enfin, en même temps que le nombre des affaires litigieuses s'est accru, il y a eu aussi dans les transactions un accroissement accusé par le nombre des actes notariés, qui s'est élevé de 8,136 à 8,361, et par le montant corrélatif des droits d'enregistrement, qui s'est élevé de 305,967 fr. 71 c. à 386,894 fr. 67 c.

OBSERVATIONS

DE M. LE PRÉSIDENT DU TRIBUNAL DE MELUN

SUR LE MÊME ÉTAT DE STATISTIQUE

Le présent état de statistique judiciaire en matière civile, ne

paraît rien laisser à désirer sous le rapport des détails et de
l'exactitude.

Arriéré.

Si le nombre des affaires restant à juger est un peu plus considérable que l'année dernière, la maladie de plusieurs Avoués
du Tribunal dans le courant de 1844 peut expliquer la cause de
ce faible arriéré.

Ordres et Contributions. — Observations.

Sur 23 ordres et 15 contributions, qui étaient ouverts en 1844,
11 ordres et 9 contributions ont seulement été achevés au 31 décembre dernier.

On peut notamment attribuer la lenteur trop ordinaire dans
l'expédition de ces sortes d'affaires, au défaut de délai fixé par
la loi pour faire aux créanciers les sommations de produire, et
ensuite l'impossibilité d'agir où se trouve le Juge-Commissaire;
si les pièces n'ont pas été déposées au Greffe dans le délai purement comminatoire qui a été déterminé par l'art. 754 du Code
de procédure.

Les membres seuls de la première Chambre du Tribunal
(Chambre civile) peuvent être commis pour procéder aux ordres
et contributions ; le Président estime qu'il y aurait lieu d'étendre
aux Juges suppléants des Tribunaux du ressort les dispositions
du décret du 25 mai 1811, en vertu duquel le Président du Tribunal de la Seine peut les charger de la rédaction des procès-
verbaux d'ordres et de contributions, des rapports à faire, et de
quelques autres matières spéciales. Une pareille attribution obli-
gerait ceux de ces jeunes magistrats qui ne sont pas attachés
au Parquet, à travailler, à ne pas se borner au rôle d'auditeurs,
et les mettrait à même de pouvoir faire preuve de zèle et de capacité.

Greffe. — Traitement. — Droits pour affaires de Commerce.

Depuis l'année dernière le service du Greffe s'est amélioré
par l'adjonction d'un nouvel employé, destiné à remplir les

fonctions de troisième Commis-Greffier aussitôt qu'il aura atteint l'âge voulu par la loi.

Toutefois, le traitement, encore beaucoup trop modique, le défaut d'avancement et d'avenir de ces fonctionnaires, dont le travail est cependant si utile et si indispensable, ne permettent point encore au Greffier en chef de Melun, malgré le supplément de traitement de trois et de quatre cents francs qu'il ajoute à celui de l'État, de se fairé suppléer en matière civile aussi efficacement que cela serait nécessaire.

Le Tribunal civil de Melun connaît aussi des affaires commerciales ; ces affaires occasionnent pour le Greffier un surcroît de travail et de responsabilité.

L'ordonnance royale du 9 octobre 1825 attribue aux Greffiers spéciaux du commerce différents émoluments à raison des actes qu'ils reçoivent ; il est difficile de s'expliquer pourquoi le législateur a formellement refusé (art. 3 de la même ordonnance) de les accorder aux Greffiers des Tribunaux civils qui exercent la juridiction commerciale.

Il semblerait juste et équitable de revenir sur une pareille disposition et de ne pas les priver plus longtemps d'un salaire aussi légitimement dû.

INSTALLATION DE M. DUBOIS

NOMMÉ PROCUREUR DU ROI

EN REMPLACEMENT DE M. SAINT-GILLE

4 novembre 1845

—

LE PRÉSIDENT DU TRIBUNAL DE MELUN

MONSIEUR,

En vous appelant à exercer les fonctions de Procureur du Roi près d'un chef-lieu judiciaire, Sa Majesté a récompensé vos bons et anciens services ; c'est une justice qui vous a été rendue ; tous vos collègues, vos **concurrents** eux-mêmes reconnaissent qu'elle ne pouvait être mieux méritée.

Si je dois vous féliciter de la distinction que vous avez obtenue, de notre côté, Monsieur, nous aurons bien certainement à nous applaudir, dans l'intérêt du service, du secours et de l'appui que nous promettent vos lumières et votre expérience des affaires.

Fils d'un honorable Conseiller de la Cour impériale de Bruxelles, Président, après la Restauration, d'un Tribunal où nous avons eu l'honneur de siéger en même temps que lui, vous avez été initié, dès l'âge le plus tendre, à la pratique de tous les devoirs ; les meilleures, les plus nobles traditions vous ont été transmises ; vous avez eu longtemps sous les yeux, dans votre famille, l'exemple de ces mœurs à la fois douces et austères, de cette assiduité au travail, de cette exactitude, enfin, de ce dévouement pour la justice qui distinguent les véritables magistrats.

Ce sont ces qualités, Monsieur, qui vous ont concilié l'estime de vos anciens collègues et qui vous font vivement regretter aujourd'hui de ceux que vous venez de quitter (1).

Vous succédez, Monsieur le Procureur du Roi, à un magistrat appelé à des fonctions supérieures, celles de Conseiller d'une Cour royale (2). Nous perdons en lui un excellent collègue, pénétré de l'importance de ses graves fonctions, et qui apportait à les remplir les soins les plus scrupuleux. **M.** Saint-Gille, si cruellement frappé, dans la force de l'âge, d'une maladie qui n'a point encore cédé aux ressources de l'art, a été dignement suppléé ici, pendant son absence forcée, par MM. les Substituts, notamment par le plus ancien de ces magistrats (3), qui retrouve aujourd'hui, dans son supérieur hiérarchique, un ancien condisciple et un ami.

Les rapports nécessaires et habituels entre les magistrats et les membres du barreau vous témoigneront ici, Monsieur le Procureur du Roi, des bons rapports qui existent entre eux ;

---

(1) M. Dubois était Procureur du Roi à Épernay.
(2) M. Saint-Gille, nommé à la Cour royale de Metz.
(3) M. Raux, Substitut.

vous pouvez compter aussi que le Tribunal s'attachera à maintenir avec le Ministère public l'union et le bon accord toujours indispensables pour la bonne administration de la justice (1).

AUDIENCE DE RENTRÉE

DU 4 NOVEMBRE 1845

DISCOURS DE M. LE PRÉSIDENT

—

MESSIEURS ,

Avant de reprendre le cours des travaux de l'année judiciaire qui s'ouvre devant vous, j'ai pensé qu'il serait utile, qu'il ne serait pas sans intérêt de vous présenter le compte sommaire des affaires du Tribunal et des juridictions qui en dépendent, pendant l'année qui vient de s'écouler ; nous serons d'autant plus bref, qu'il nous serait sans doute difficile , en traitant un pareil sujet, de fixer longtemps votre attention encore préoccupée par l'impression que vient de faire sur vos esprits l'éloquent discours du Ministère public.

Statistiques judiciaires.

Depuis longtemps déjà, Messieurs, le Gouvernement attache une grande importance aux statistiques judiciaires, et vous savez avec quel soin le Ministre de la justice en fait dresser, chaque année, et publier le tableau général pour toute la France.

Ces statistiques n'ont pas pour but principal, surtout en matière criminelle, d'arriver à des évaluations, à des rapprochements de chiffres ; mais elles ont pour objet l'étude des faits

(1) Voir Discours du Bâtonnier des Avocats de Bordeaux, *De l'union qui doit exister entre la Magistrature et le Barreau* (*Le Droit*, 13 novembre 1847).

comparés avec les résultats, celle du cœur humain, de ses mi-
sères et des causes si diverses qui les produisent ; et cette étude
a pour effet de mettre le législateur à même de rechercher et de
trouver les moyens à employer pour prévenir le mal et, dans
tous les cas, pour y remédier d'une manière efficace.

Nombre et nature des affaires.

Nous avons à vous signaler, Messieurs, pour cette dernière
année , une augmentation de 70 affaires civiles dans les procès-
verbaux soumis à votre jugement.

Dans le courant de l'année qui vient de s'écouler, c'est-à-
dire, du 1er octobre 1844 au 1er octobre 1845, 184 affaires civiles ordinaires et 152 affaires sommaires ont été inscrites au
rôle.

Au total, 336 affaires. En y ajoutant les 57 affaires qui restaient
à juger de l'année précédente, et 9 affaires revenues sur opposition, on trouve un total général de 402 affaires à juger.

Sur ces 402 affaires :

    167   ont été terminées après plaidoirie contradictoire ;

    75   ont été jugées par défaut ;

Et   77   ont été rayées du rôle, par suite de désiste-
            ment et de transaction. — Au total ,

    319   affaires ont reçu une solution définitive ; ainsi, au
1er octobre dernier, 83 causes restaient à juger, au nombre desquelles 32 ont déjà reçu des décisions préparatoires.

Arriéré.

Reste donc, en définitive, 51 affaires dans lesquelles il n'est
point intervenu de décision, et dont 13 seulement, ayant plus
de trois mois de date, composent, aux termes du décret de 1808,
ce qu'on appelle l'*arriéré*. Un pareil résultat, un aussi faible arriéré doit, sans doute, être attribué, Messieurs, au zèle que
vous apportez à prolonger la durée des audiences et, peut-être
aussi, à la mesure en vertu de laquelle le Président procède,
tous les quinze jours, avec le concours actif du Greffier en chef

et de tous les Avoués, à l'indication des causes qui doivent être plaidées à jour fixe pendant la durée du mois qui doit suivre.

Il est à remarquer, et il est à propos de constater que les pro. cès ont presque tous été jugés dans les cinq mois de l'introduction de l'instance, et qu'il n'y a presque pas eu d'incidents de procédure et d'exceptions dilatoires proposées, qui retardent toujours le jugement définitif du procès et ne manquent jamais d'augmenter les frais.

Jugements préparatoires. — Expertises.

Le nombre des jugements préparatoires et interlocutoires a été de 99.

Les affaires en expertise sont, en général, celles qui éprouvent le plus de retard ; 12 sont encore à juger. Les parties se décident difficilement à faire remplacer les experts qui négligent de remplir leur mission. Elles craignent de rencontrer la même lenteur dans les nouveaux experts. Il faut reconnaître effectivement, qu'à moins de les rechercher au loin, et par conséquent d'augmenter considérablement les frais, il est souvent très-difficile de remplacer, dans la même localité, des hommes choisis à raison de leurs connaissances spéciales, et qui sont plus particulièrement à même, soit de concilier les parties, soit d'éclairer le Tribunal par des rapports tout à la fois consciencieux, concluants et bien motivés.

Avant de vous parler, Messieurs, des affaires non soumises à la formalité du rôle, il est à propos de vous faire remarquer que, sur 167 procès jugés contradictoirement, les deux tiers des demandes ont été accueillies, et 56 seulement ont été rejetées. On peut inférer de là, qu'au moins pour la majeure partie, une sage et utile direction est imprimée aux affaires par les officiers ministériels.

Affaires non inscrites au Rôle.

Les affaires qui ne doivent pas être inscrites au rôle ont été, Messieurs, plus nombreuses que l'année dernière.

Il y a eu 56 jugements sur requête. Les causes civiles, introtroduites d'office par le Procureur du Roi, en matière d'interdiction, de contravention à la loi de ventôse an XI, sur le notariat et autres, etc., ne se sont élevées qu'à 10.

Les jugements rendus en Chambre du Conseil, à 5 seulement.

Poursuites disciplinaires, néant.

Malgré toute la sollicitude et la vigilance du Ministère public, malgré tout le soin, Messieurs, qu'il apporte et qu'il doit apporter à accueillir les réclamations qui paraissent fondées, et à provoquer la répression de tous les abus, aucune poursuite disciplinaire ne vous a été soumise pendant le cours de cette année ; voilà, sans aucun doute, ce qui témoigne de la bonne moralité et de la probité des Officiers ministériels de l'arrondissement et d'une confiance bien méritée de la part de leurs clients.

Ventes judiciaires.

Le nombre des ventes ayant augmenté, celui des ordres a suivi la même progression.

Au 1er octobre 1844, 12 restaient à terminer ; 19 ont été ouvertes ; au total, 31 ordres à régler pendant le cours de l'année.

15 restaient encore à terminer au 1er octobre dernier.

Ordres et Contributions.

Sur les 16 poursuites d'ordres qui ont été clos définitivement :

13 l'ont été sans contestation ;

3 ont été contestés et réglés sur plaidoiries.

Sur 6 réquisitoires d'ouverture de contributions et 9 restant à régler au 1er octobre 1844, au total 15 :

6 ont été définitivement réglés ;

Le même nombre, 9, restaient à terminer au 1er octobre 1845 ;

25 demandes en licitation ont été formées et suivies ;

11 ventes sur licitation ont été renvoyées à l'audience des criées ;

Il a été procédé, sur saisie immobilière, à **10** adjudications, et à **3** sur publications volontaires, par suite de conversion.

Référés.

Il n'a été rendu, dans le cours de cette année, que 22 ordonnances de référé sur assignations, et moitié en sus, à peu près, sur procès-verbaux d'Officiers publics.

Affaires de commerce.

En ce qui concerne, Messieurs, les affaires de commerce dont vous avez eu aussi à vous occuper :

Au 1er octobre 1844, 16 affaires restaient à juger ;

Depuis, 281 ont été inscrites au rôle; au total, 297 affaires, sur lesquelles 95 jugements définitifs ou contradictoires ont été rendus ;

131 par défaut ;

41 affaires ont été rayées du rôle; restait à juger, au 1er octobre dernier, 30 affaires.

Faillites.

L'année dernière, le nombre des faillites, toujours si préjudiciables pour les créanciers en particulier, pour le commerce et la fortune publique en général, s'est élevé à 10.

Cette année, 8 ont été déclarées ; une seule a été terminée !... la faillite Alluin, et encore elle est devenue la source, depuis le concordat, de plusieurs procès actuellement pendants.

La loi du 28 mai 1838 a eu pour but, Messieurs, de remédier à la lenteur, à la complication des formes et à la fiscalité de l'ancienne législation.

En matière de faillite, en général, plus les opérations se prolongent, plus les résultats en sont désastreux : « Voilà, disait à
« la tribune l'honorable rapporteur de la loi, ce que le Juge-
« Commissaire, qui est l'âme de l'administration de la faillite, ce
« que les Syndics, qui tiennent à justifier le choix et la confiance
« du Tribunal, *ne doivent pas perdre de vue.* »

Justice criminelle.

Il nous reste à vous entretenir un instant, Messieurs, et le plus succinctement possible, de l'administration de la justice criminelle dans cet arrondissement.

Depuis l'année dernière, le nombre des affaires n'a pas diminué.

Cet état de choses est malheureusement presque général dans toute la France.

Cela tient, il faut le dire, à l'oubli et souvent à l'absence des principes religieux, à ce désir de l'indépendance et à cet amour du bien-être que l'on ne veut point attendre du temps et acheter par le travail.

Les progrès de l'instruction, de l'éducation religieuse et morale, but incessant des efforts de notre Gouvernement constitutionnel, la réformation du régime pénitentiaire, porteront sans doute leurs fruits, et doivent nous faire espérer des temps meilleurs.

215 affaires criminelles et correctionnelles ont été soumises par M. le Juge d'instruction à vos délibérations, dans la Chambre du Conseil :

99 ont été renvoyées à la Police correctionnelle ;

13 à la Cour d'assises ;

103 ont été terminées pas des ordonnances de non-lieu ;

250 jugements ont été rendus par le Tribunal correctionnel ;

54 affaires ont été portées devant le Tribunal jugeant en appel de Police correctionnelle ;

2 seulement restent encore à juger.

Gendarmerie.

Nous devons ici un juste tribut d'éloges à la Gendarmerie, si dignement commandée par le capitaine Gournay, dont le zèle éclairé et l'activité secondent et soutiennent toujours l'action de la justice criminelle.

Juges de Paix.

Nous ne terminerons pas cet exposé, Messieurs, sans vous

faire connaître le résultat des travaux de MM. les Juges de paix.

Vous le savez, Messieurs, sans le concours de ces magistrats comme conciliateurs, les Tribunaux en permanence ne suffiraient peut-être pas pour juger toutes les contestations soulevées par l'intérêt et la mauvaise foi.

Les Juges de paix des six cantons de l'arrondissement ont eu à connaître, sur invitation par simples lettres, de 910 affaires.

Sur licitation, pour affaires de leur compétence, de 748 affaires, dont 236 pour le canton nord de Melun, et 168 pour le canton sud.

160 affaires ont été présentées, sur citation préalable, au Bureau de conciliation : 70 ont été conciliées.

644 jugements ont été rendus, en audience civile, en matière possessoire et autres... Ces jugements se répartissent ainsi qu'il suit dans les divers cantons :

Melun (nord).	128
Id. (sud)	92
Brie.	88
Mormant.	67
Le Châtelet.	124
Tournan.	145

Ces 644 jugements ont donné lieu seulement à 12 appels, portés devant le Tribunal.

En matière de simple police, 567 jugements ont été rendus.

Le tiers de ces jugements environ sont relatifs à des dommages causés aux champs et récoltes.

Résumé général du nombre des affaires jugées.

En dernière analyse, Messieurs, en récapitulant toutes les décisions rendues par le Tribunal et les Tribunaux de paix de l'arrondissement, du 1er octobre 1844 au 1er octobre 1845, soit en matière civile, commerciale, correctionnelle ou de simple police, on trouvera le chiffre de 2,552 affaires jugées.

Tel est, Messieurs, l'état sommaire des travaux judiciaires dont les détails se rattachent à nos importantes fonctions.

Le Greffier.

Je ne terminerai pas sans ajouter que les recherches, le classement qui ont eu pour objet la composition de cet aperçu statistique, sont dus particulièrement au zèle et à la collaboration du Greffier en chef du Tribunal. Il est donc juste de lui attribuer le mérite du travail que ces recherches ont nécessité.

AU ROI

LE PRÉSIDENT DU TRIBUNAL DE MELUN

AU PALAIS DE FONTAINEBLEAU, LE 16 AVRIL 1846

SIRE,

Les membres du Tribunal civil de Melun sont heureux de pouvoir être admis à déposer aux pieds de Votre Majesté l'hommage de leur profond respect.

Tous leurs soins, leurs efforts tendront toujours à rendre bonne et prompte justice en votre nom, persuadés de répondre ainsi à l'un des désirs les plus ardents de Votre Majesté : celui de voir les Tribunaux concourir, avec le Gouvernement, au maintien des droits de chacun, et à celui des libertés publiques.

Nous vous prions, Sire, de vouloir bien agréer l'assurance de notre dévouement pour votre auguste famille, et l'expression sincère de nos vœux pour la conservation des jours de Votre Majesté, si précieux pour la paix et pour la prospérité de la France.

ADRESSE DU TRIBUNAL DE MELUN AU ROI

A L'OCCASION DE L'ATTENTAT COMMIS A FONTAINEBLEAU

LE 16 AVRIL 1846

PAR LECOMTE, ANCIEN GARDE GÉNÉRAL DE LA FORÊT DE LA COURONNE

18 avril 1846

—

SIRE,

Les membres du Tribunal civil de Melun partagent vivement la profonde douleur et l'effroi que le nouvel attentat du 16 avril cause à tous les bons citoyens.

Ils rendent grâce à Dieu, dont l'éclatante protection vient encore de détourner les coups dirigés contre votre personne. Le courage, la fermeté héroïque de Votre Majesté, au moment du péril, égalent ses sacrifices et son dévouement pour la patrie.

Les magistrats de Melun vous prient, Sire, d'agréer l'expression sincère de tous leurs vœux pour la conservation de vos jours, aussi précieux pour votre auguste famille que pour le maintien de la prospérité et des institutions constitutionnelles de la France.

Ils ont l'honneur d'être, etc.

OBSERVATIONS DU PROCUREUR DU ROI

SUR L'ÉTAT DE

STATISTIQUE JUDICIAIRE DU TRIBUNAL EN MATIÈRE CIVILE

PENDANT L'ANNÉE 1845

Mai 1846

—

Apprécié dans ce que son ensemble pourrait témoiger de l'esprit processif dans l'arrondissement, le compte de l'année 1845 présenterait les résultats suivants :

Nombre des affaires expédiées. — Leur nature.
Justice de paix. — Résultat satisfaisant.

Le nombre des affaires dans lesquelles, par des demandes introductives d'instance, il a été fait appel à l'intervention de la justice, a été, pour le Tribunal civil, de 350.

Il a été de 882, quant à celles portées devant les six Justices de paix de l'arrondissement; au total, 1,232. Ce chiffre, sans doute, est encore considérable; il faut cependant faire observer qu'il n'est pas hors de rapport avec le mouvement des affaires dans un pays où celui des transactions entre intérêts privés se compte, en actes authentiques, par environ huit mille.

La nomenclature des affaires portées devant ces juridictions établit qu'une partie notable des litiges a été, comme toujours, soulevée par l'intérêt immobilier. Sur 264 affaires terminées, dans le cours de l'année, par jugement du Tribunal civil, 85 (environ le tiers) appartiennent à cette catégorie (propriété, — servitudes, — bornage, — licitation, — vente, — bail à ferme, — hypothèque). La proportion des jugements susceptibles d'appel, relativement au nombre de ceux rendus par les Juges de paix après citation, prouve le peu d'importance des affaires portées devant ces juridictions. Sur 614, 154 : ce sont les trois quarts, dont l'objet était inférieur à cent francs. (Art. 1 à 5 de la loi du 25 mai 1838.) De ces 614 jugements, 26 seulement ont statué sur des actions possessoires. Ce chiffre est peu considérable. Il témoigne, ce semble, avec avantage, du bon esprit de la classe agricole et de son respect pour la propriété. Sur 857 affaires portées en conciliation devant les Juges de paix en dehors de l'audience, 670 ont été conciliées. Ce résultat est satisfaisant. Il prouve l'intervention efficace de cette magistrature, dont l'influence est d'autant plus précieuse que les intérêts au profit desquels elle s'exerce sont, d'ordinaire, ceux de la partie la moins aisée de la population.

OBSERVATIONS

DE M. LE PRÉSIDENT DU TRIBUNAL DE MELUN

SUR LE MÊME ÉTAT DE STATISTIQUE

—

État des affaires jugées, etc.

Le nombre des affaires portées devant le Tribunal civil, en 1845, comparé à celui de l'année précédente, a augmenté de 74. Malgré cette augmentation, l'arriéré a toujours été aussi peu considérable ; il était de 92 affaires en 1844 ; 95 seulement restaient à terminer au 1er janvier 1846.

Les deux tiers des procès ont été jugés dans les six mois de l'introduction de l'instance.

Ordres et Contributions. — Observations.

Toute proportion gardée, les avant faire droit n'ont pas été plus nombreux. Le tableau des ordres et contributions présente à peu près le même résultat. Sur 32 ordres ouverts en 1845 et antérieurement, 12 restaient encore à terminer en 1846, et 7 avaient plus de 4 mois de date. Sur 13 contributions, 8 restent à terminer, et 6 ont plus de quatre mois de date.

Il est à regretter, et il est toujours préjudiciable aux intérêts des parties, que ces sortes de procédures, si dispendieuses en général, marchent avec autant de lenteur.

L'attention du législateur a déjà été plusieurs fois éveillée à ce sujet.

Sans entendre proposer ici un plan de réformation, n'y aurait-il pas lieu toutefois de reviser, en matière d'ordre, le titre XIV du livre V du Code de procédure, et d'impartir un délai de rigueur : 1o pour la présentation de la requête, au Juge-Commissaire, afin de sommer les créanciers ;

2o Pour faire ladite sommation en vertu de l'ordonnance du juge ;

3o Pour la dénonciation du règlement provisoire qui doit être dressé après l'expiration du mois, à dater de la dernière sommation;

4° N'y aurait-il pas lieu d'ordonner expressément que les contestants et les créanciers contestés seraient tenus, dans le délai fixé par l'article 775 du Code de procédure, de consigner et de déduire, sur le procès-verbal du Juge-Commissaire, tous les moyens et les motifs de leurs contestations et contredits, et de déposer toutes pièces justificatives à l'appui, de manière à éviter ensuite, l'affaire étant renvoyée à l'audience, la nécessité de signifier des conclusions et écritures qui ne devraient jamais être admises en taxe, sauf les cas de l'article 765 ?

Enfin, n'y aurait-il pas lieu de déclarer forclos, comme en matière de contributions, les créanciers qui n'auraient pas produit dans le délai fixé par l'article 754 du Code de procédure civile ?

Taxe et liquidation des dépens en matière civile.

A cet égard, le Président reproduira les observations qu'il a déjà eu l'honneur de présenter pendant le cours des années précédentes.

Il serait à désirer, en matière sommaire, c'est-à-dire en ce qui concerne le plus grand nombre des procès qui intéressent la classe la moins aisée de la société, que la loi contînt une sanction à la disposition qui prescrit d'insérer la liquidation des dépens dans le dispositif des jugements, et que cette liquidation s'étendît à tous les frais de l'instance, tant en demandant qu'en défendant.

Frais de vente judiciaire. — Taxe.

En ce qui touche les frais de poursuite de vente judiciaire, la dissidence qui existe toujours entre les Cours et entre les divers Tribunaux sur le sens et l'interprétation des articles 3, 9, 10 et 11 du tarif du 10 octobre 1841, malgré la circulaire du 20 août 1842, rend nécessaire la révision de ce même tarif.

La taxe des dépens impose au Juge l'obligation et le devoir de vérifier, non-seulement les émoluments et honoraires réclamés par les officiers ministériels, mais encore les déboursés qui se composent des droits de timbre, d'enregistrement, de greffe, etc.

A l'égard de ces derniers droits, les Greffiers des Tribunaux civils réclament depuis longtemps contre l'insuffisance de ceux qui leur sont accordés, notamment par les lois de ventôse et de prairial an VII, des 16 février 1807 et 12 juillet 1808, et contre les lacunes qu'ils prétendent exister à leur préjudice dans ces mêmes lois.

Ils viennent de se réunir dernièrement pour présenter et soumettre à M. le Garde des sceaux, la demande d'un tarif qui rendrait uniforme, dans toute la France, la perception de ces mêmes droits et remises.

Le Président estime qu'une ordonnance réglementaire est effectivement devenue indispensable, et qu'il serait juste, notamment, de rendre applicable aux Greffiers des Tribunaux civils, jugeant commercialement, le tarif du 12 octobre 1825.

Juges de paix. — Éloges dus.

Si l'état des affaires civiles portées devant les Juges de paix de l'arrondissement présente une légère augmentation pour 1845, on remarque que les conciliations ont été plus nombreuses pendant le cours de cette même année.

Des éloges sont dus à MM. les Juges de paix des cantons nord et sud de Melun (entre autres), pour la manière dont ils remplissent leurs fonctions importantes et multipliées ; leur caractère personnel, leur esprit conciliateur et leurs lumières les ont depuis longtemps invèstis de la considération et de la confiance des justiciables.

LETTRE DE M. LE PRÉSIDENT SÉGUIER

Paris, ce 1ᵉʳ mai 1846.

MONSIEUR LE PRÉSIDENT,

J'ai l'honneur et le plaisir de vous adresser la lettre de M. le Garde des sceaux qui vous annonce que Sa Majesté vous a accordé la décoration de la Légion d'honneur. Je suis heureux de pouvoir prendre ainsi une petite part à la satisfaction acquise par vos bons services judiciaires.

Je vous prie, Monsieur le Président, d'agréer l'assurance d'autant d'attachement que de considération.

Signé : Le premier Président Séguier.

A Monsieur Sevestre, Président du Tribunal de Melun.

COUR ROYALE DE PARIS. — PREMIÈRE CHAMBRE

RÉPONSE

DU PRÉSIDENT DU TRIBUNAL DE MELUN

A M. LE BARON SÉGUIER

Audience du 23 mai 1846

Je prie M. le premier Président d'agréer tous mes remercîments de l'honneur qu'il a bien voulu me faire en me décorant lui-même en présence de la Cour.

La distinction si honorable dont je viens d'être l'objet, est aussi une marque de considération envers ma Compagnie; c'est à ce titre qu'elle m'est d'autant plus précieuse.

C'est un nouveau motif pour moi de redoubler de zèle dans l'exercice de mes fonctions, et de faire preuve ainsi de mon dévouement au service du Roi et du Gouvernement.

AUDIENCE DE RENTRÉE

DU 3 NOVEMBRE 1846

DISCOURS DE M. LE PRÉSIDENT

—

MESSIEURS,

Avant l'ouverture et la reprise de vos audiences ordinaires, nous réclamerons encore pendant quelques instants seulement votre attention, qui vient d'être si justement captivée par le discours de **M.** le Procureur du Roi. (**M.** Dubois a pris pour texte de son discours : *De l'influence des mœurs sur les lois pénales.*)

Nous avons à vous entretenir du résultat de vos travaux judiciaires pendant la dernière année qui vient de s'écouler.

États de statistique judiciaire.

Nous nous conformons ainsi à un usage qui s'est salutairement introduit déjà depuis longtemps dans beaucoup de Tribunaux.

C'est dans le but de perfectionner l'organisation judiciaire, de connaître l'état, la situation morale de chaque localité, que des statistiques sont dressées, chaque année, d'après les ordres et les instructions de M. le Garde des sceaux.

Ces statistiques 'ont pour objet de constater les résultats de l'application générale des lois pénales pour les améliorer ensuite, suivant les besoins de la société.

Pour chaque Tribunal en particulier, c'est une revue rétrospective qui doit déterminer à persévérer dans ce qui a été utilement pratiqué, et appeler la réforme sur ce que la marche des affaires a pu laisser à désirer.

Nombre total des affaires civiles.

Le nombre des causes civiles et de commerce inscrites au rôle du Tribunal pendant le cours de l'année, c'est-à-dire, du 1er octobre 1845 au 30 septembre dernier, a été un peu moins considérable que celui de l'année précédente : 755 au lieu de 617 affaires.

A la même date du 1er octobre 1845, 120 affaires restaient à juger définitivement par les deux Chambres du Tribunal ; au 30 septembre, il en restait 112 ; 86 en matière civile, et 26 en matière de commerce.

32 affaires seulement avaient, à cette époque, plus de trois mois de date d'inscription au rôle.

Sur les 695 affaires pendantes au commencement de l'année, il a été rendu, par le Tribunal civil et de commerce, 389 jugements, tant contradictoires sur plaidoiries que par défaut ; 194 affaires en instance ont été rayées du rôle ou terminées par transaction.

Affaires rayées du Rôle.

Ce grand nombre d'affaires sorties du rôle en comprend plusieurs qui avaient été renvoyées devant MM. les Juges-Commissaires. Elles témoignent de l'autorité et de l'heureuse influence que ces magistrats ont exercée pour parvenir à concilier les parties et, en même temps, du bon esprit des mandataires et Avoués, dont les bons conseils ont, sans doute, empêché les plaideurs de persévérer et de se jeter dans des procès toujours trop dispendieux.

Il est à remarquer qu'au nombre des 389 affaires jugées définitivement, 120 appartiennent, à raison de leur importance, au rôle ordinaire.

Le nombre des jugements préparatoires et interlocutoires a été de 76 en matière civile

Affaires non inscrites au Rôle.

Les causes qui ne devaient pas être inscrites au rôle, celles introduites sur requête, ou d'office, par le ministère public en matière d'interdiction, les contestations sur ordres et autres, qui ont été jugées en Chambre du Conseil, s'élèvent au chiffre de 53.

Notaires.

Dans ce nombre, figurent seulement *trois* affaires contre des Notaires pour contraventions à la loi de ventôse an XI. Ces contraventions, comme vous le voyez, ont été plus rares que jamais. Pénétrés, comme le sont sans doute les Notaires de cet arrondissement, qu'ils exercent une sorte de magistrature ; que la régularité des contrats prévient le plus grand nombre de procès, et qu'à la connaissance de la législation et des formes qui régissent chacun des actes de leur ministère, ils doivent réunir le désintéressement et un caractère inflexible pour résister à toute proposition qui aurait pour objet, de la part de clients inconsidérés, de faciliter, soit des opérations illégales et usuraires, soit des dissimulations contraires aux intérêts du fisc.

Ventes judiciaires.

Il a été procédé devant le Tribunal, à l'audience des criées, à 29 adjudications, savoir :

    17 sur licitation ;
    9 sur expropriation ;
et 2 après surenchères.

Ordres et Contributions. — Observations.

Deux seules poursuites de contributions ont été ouvertes pendant le cours de l'année.

9 étaient pendantes en octobre 1845 ;

Au total, 11 [contributions de ces mêmes poursuites ont été abandonnées ;

Une seule a été jugée ;

Il n'en reste plus qu'une à terminer.

Sur 32 ordres, 21 ont été clos définitivement dans le cours de l'année ;

11 restent à terminer.

Les règlements d'ordres et de contributions constituent, Messieurs, l'une des plus importantes et des plus difficiles de nos attributions, l'une de celles qui nécessitent le plus de pratique, de travail opiniâtre et minutieux; en un mot, l'attention la plus soutenue.

Une observation fort importante qui ne vous aura pas échappé, Messieurs, et que ne doivent pas perdre de vue les Avoués poursuivants, est relative aux états complets d'inscription à produire, et qui doivent servir de base à l'ouverture et à la confection des ordres.

C'est la situation hypothécaire à l'époque de l'expiration de la quinzaine qui doit être consultée pour établir et consacrer les droits des créanciers produisants. Il faut, par conséquent, un état sur transcription comprenant les vendeurs et tous les anciens propriétaires.

Après l'expiration de la quinzaine, jusqu'au jour de l'ouverture de l'ordre, des hypothèques légales peuvent encore avoir été inscrites; les autres inscriptions ont pu subir des changements, à raison des personnes qu'elles concernent; des subrogations, des nouvelles élections de domicile, des payements, des radiations partielles ont pu avoir lieu; il devient indispensable de se procurer un nouvel état d'inscription *qui doit être délivré au moment même de l'ouverture de l'ordre.*

Ce n'est qu'avec ces deux états qu'il est possible réellement de connaître tous les créanciers ayant droit au prix à distribuer, et de prévenir des omissions dont les résultats doivent être si préjudiciables et si funestes!...

Lorsque le prix à distribuer a été consigné (voir article 4, ordonnance du 3 juillet 1816), une autre justification indispensable consiste à représenter à MM. les Juges-Commissaires, *lors de la clôture du règlement définitif,* un certificat des sommes existant à la Caisse des dépôts et consignations, et des intérêts calculés jusqu'au jour présumé du payement des bordereaux-certificats qui doivent être délivrés dans la forme de ceux relatifs aux contributions.

Référés.

Il a été rendu, par le Président, trente-trois ordonnances de référé, tant à l'audience que sur procès-verbaux d'Officiers ministériels.

Affaires de commerce.

En ce qui concerne plus particulièrement les affaires de commerce dont la connaissance est dévolue à la seconde Chambre du Tribunal :

Au 1er octobre 1845, 30 affaires étaient à juger ;
Depuis cette époque, 261 ont été mises au rôle.

Total, 291 affaires,

sur lesquelles 166 jugements ont été rendus ;
99 causes ont été rayées du rôle.

Faillites.

Le nombre des faillites a heureusement diminué ; quatre seulement ont été déclarées dans le cours de l'année. En y ajoutant les 9 faillites de l'année précédente à terminer :

Il s'en trouvait 13 ; sur ce nombre, 6 ont été réglées définitivement. Reste 7 dont les opérations n'ont point encore été mises à fin.

Les Syndics, qui tiennent à justifier le choix et la confiance du Tribunal, s'attacheront sans doute à mettre le plus tôt possible MM. les Juges-Commissaires à même de statuer ; car, vous le savez, Messieurs, il en est à peu près des faillites comme des ordres et des contributions : plus les opérations se prolongent, et plus les créanciers éprouvent, en général, de pertes et de dommages réels. La surveillance et le concours du Ministère public, aujourd'hui reconnus nécessaires près le Tribunal de commerce, présentent et assurent aux justiciables une nouvelle garantie pour la prompte et régulière expédition de ces sortes d'affaires.

Récapitulation

En résumé, Messieurs, il résulte de notre analyse statistique que, pendant la dernière année judiciaire, il a été rendu au civil 580 décisions revêtues de la forme exécutoire. Ne sont pas compris, toutefois dans ce nombre, les jugements qui ont donné acte de prestation de serment de fonctionnaires publics ou agents de l'autorité.

Appels en matière civile.

Dans le cours de l'année, 21 jugements, tant en matière civile que de commerce, ont été frappés d'appel par les parties.

8 seulement ont été soumis à la décision de la Cour;

7 ont été confirmés;

1 a été infirmé;

13 restent encore à juger.

Affaires criminelles et correctionnelles.

Nous avons maintenant, Messieurs, à jeter avec vous un coup d'œil sur l'administration de la justice criminelle.

Les crimes et délits, qui déjà l'année précédente avaient suivi un mouvement progressif, ont malheurement encore augmenté cette année !

S'ils présentent en général moins *de gravité*, leur multiplicité, le grand nombres de récidives afflige sérieusement la morale et la sécurité publique.

La réforme du système pénitenciaire, et plus particulièrement encore l'éducation morale et religieuse, que le Gouvernement assure et protége de tout son pouvoir, contribueront sans doute à remédier bientôt au mal que nous venons de signaler. Vous avez rendu, Messieurs, dans le cours de cette dernière année, 145 ordonnances de renvoi à la Police correctionnelle;

18 ordonnances de prise de corps, portant renvoi devant la Cour d'assises;

159 ordonnances de non-lieu.

Grâce au zèle et à l'activité de M. le Juge d'instruction, aucune affaire n'a souffert de retard.

Le Tribunal correctionnel a rendu 263 jugements, au nombre desquels 36 seulement ont été prononcés en matière d'eaux et forêts.

Le Tribunal jugeant en appel de Police correctionnelle a statué sur les 62 affaires qui lui ont été déférées.

A l'occasion du compte sommaire de l'administration de la justice criminelle et correctionnelle, partie si importante et la plus pénible sans doute du service judiciaire, nous ne devons pas oublier de payer ici un nouveau tribut d'éloges à la gendarmerie, dont l'activité et le zèle éclairé concourent, avec tant d'énergie, de persévérance et d'efficacité, à la répression des crimes et délits, au maintien de l'ordre public.

Travaux des Juges de paix.

L'analyse succincte que nous venons de vous présenter, Messieurs, serait encore incomplète, si j'omettais ici de vous faire connaître les travaux multipliés de MM. les Juges de paix, dont les services sont si justement appréciés de tous. Cependant, il arrive souvent qu'une partie de ces services reste encore ignorée, parce que la publicité ne peut pénétrer dans tous les détails qui les occupent en rendant la justice presque à chaque instant du jour; heureux souvent, dans une foule de contestations qui se décident dans le silence du cabinet, de pourvoir faire fléchir les principes rigoureux du droit, pour agir suivant les inspirations de leur conscience éclairée et d'un esprit toujours conciliant.

Pendant le cours de l'année, MM. les Juges de paix des cantons nord et sud de Melun ont connu de 847 affaires sur invitation par simples lettres, et de 576 sur citation directe en matière civile.

Ils ont rendu 259 jugements et concilié 230 affaires.

Sur 67 affaires, à eux présentées par citation préalable au bureau de conciliation, 28 ont été par eux conciliées.

En matière de simple police, ces deux magistrats ont rendu 356 jugements.

A l'égard de MM. les Juges de paix des quatre autres cantons :

Ils ont connu, sur lettres d'invitation, de 106 affaires;

De 612 pour affaires de leur compétence sur citation, parmi lesquelles il y en a eu 128 de conciliées et 481 dans lesquelles il est intervenu jugement;

Ils en ont en outre concilié 13 sur 98 portées au bureau de conciliation ;

Enfin, ils ont prononcé 224 jugement en matière de simple police.

Sur la totalité des jugements rendus par tous les Juges de paix de l'arrondissement en matière civile, c'est-à-dire sur 740 jugements, 15 seulement ont été frappés d'appel.

Sur les 15, 5 ont été confirmés ;

4 infirmés ;

1 a été rayé du rôle ;

Et 5 restent encore à juger définitivement.

Tel est, Messieurs, dans leur ensemble, le résultat des travaux du Tribunal et des Justices de paix de l'arrondissement, depuis le mois d'octobre 1845 jusqu'au 1er octobre 1846.

Une nouvelle année judiciaire vient de s'ouvrir devant nous.

Qu'il me soit permis, en terminant, Messieurs, de vous rappeler et de reproduire ici l'un des préceptes du modèle de tous nos orateurs et de nos philosophes :

Quòd si quisque nostrûm, suis, quantùm potest, fungatus officiis, optimè mentis conscientiâ et de Patriâ benè meritus erit.

INSTALLATION DE M. PHILIPPE FLEURY

SUBSTITUT A PONTOISE

NOMMÉ A MELUN EN REMPLACEMENT DE M. RAUX,

NOMMÉ SUBSTITUT A VERSAILLES

19 janvier 1847

—

MONSIEUR,

Votre promotion est la récompense des services que vous avez déjà rendus.

Appelé près d'un Tribunal chef-lieu judiciaire et de Cour d'assises, de nouvelles occupations vous seront dévolues ; vos fonctions en deviennent plus importantes. Vous vous y consacrerez, vous les remplirez avec le zèle et la capacité qui vous ont fait distinguer dans les Tribunaux où vous avez siégé.

Les souvenirs honorables que vous y avez laissés, la réputation qui vous précède ici en sont les garants les plus sûrs.

Vous succédez, Monsieur, à un magistrat qui emporte les regrets du Tribunal.

M. Raux a fait preuve, au milieu de nous, de son expérience des affaires. Il a fait preuve de talent en portant la parole aux audiences civiles et devant la Cour d'assises dans des affaire difficiles et graves. L'avancement qu'il a obtenu est le résultat d'un travail persévérant et d'une aptitude éprouvée.

Il est le fils de ses œuvres; il a su attendre. On ne peut pas dire que la faveur ait contribué à le faire nommer à un poste plus brillant; cette nomination en est, à coup sûr, d'autant plus flatteuse et d'autant plus honorable pour lui.

Vous pouvez compter, Monsieur le Substitut, sur l'intérêt et sur toutes les dispositions que le Tribunal apportera toujours à seconder vos efforts en profitant de vos lumières, et à maintenir dans ses rapports avec vous, la bonne intelligence, si nécessaire à l'expédition de toutes les affaires qui lui sont déférées.

INSTALLATION DE M. ARMET DE L'ISLE

PROCUREUR DU ROI

EN REMPLACEMENT DE M. DUBOIS, NOMMÉ PROCUREUR DU ROI A REIMS

26 janvier 1847

—

MONSIEUR,

Votre nomination à Melun est venue atténuer, autant que possible, les regrets que le Tribunal éprouve du départ de votre prédécesseur. M. Dubois a obtenu de Sa Majesté, sans l'avoir demandée, une nouvelle preuve de confiance, qui le place à la tête du troisième Parquet du ressort de la Cour, dans un département où il a déjà laissé les souvenirs les plus honorables, et où M. Dubois, son père, ancien Conseiller, était Président.

Formé, dès sa jeunesse, à l'école de l'ancienne magistrature, M. Dubois est pénétré de la haute importance des fonctions du ministère public et de la part d'autorité qu'elles lui confèrent dans l'intérêt de la société.

Instruit de l'étendue de ses devoirs, il est persuadé que l'intégrité, le savoir, l'exactitude ne suffisent pas encore pour faire le véritable magistrat; il pense que toutes les qualités qui le distinguent et tous les sentiments qui l'animent doivent, en quelque sorte, se réfléchir dans son extérieur, et qu'il doit toujours conserver, même dans les relations habituelles de la vie privée, une certaine réserve, une certaine gravité de mœurs et de manières qui n'en excluent pas toutefois la douceur et la facilité.

M. Dubois a prouvé parmi nous combien il est imbu de ces principes et de cette règle de conduite; aussi ne craignons-nous pas de lui faire l'application de ces belles paroles du Chancelier Daguesseau, d'immortelle mémoire :

« La dignité de Magistrat le suit partout, parce que l'amour « de son état ne l'abandonne jamais. »

Tout doit nous faire présager, Monsieur le Procureur du Roi, qu'il ne pouvait être ici mieux remplacé que par vous.

La distinction et l'ancienneté de vos services, votre alliance avec l'un des magistrats les plus éminents de la Cour souveraine, et les plus dévoués à la cause nationale, vous ont signalé au choix de Sa Majesté parmi les nombreux candidats qui sollicitaient la place que vous avez obtenue.

Nous nous félicitons de pouvoir compter sur l'utile collaboration que nous promettent votre zèle et vos lumières. Nous serons heureux de maintenir et d'entretenir avec vous les bonnes relations qui ont toujours existé, à Melun, entre le Tribunal et le Parquet. Nos rapports habituels avec le Barreau vous témoigneront aussi de sa loyauté et, par conséquent, de ses efforts et du désir qu'il a de concourir avec nous à la bonne et à la prompte administration de la justice.

OBSERVATIONS DU PROCUREUR DU ROI

SUR L'ÉTAT DE

STATISTIQUE JUDICIAIRE DU TRIBUNAL EN MATIÈRE CIVILE

PENDANT L'ANNÉE 1846

Juin 1847

—

Il y a eu, pendant le cours de cette année, une diminution sur le nombre des affaires.

En 1845, 351 avaient été portées devant le Tribunal ; en 1846, 295 seulement ont été inscrites au rôle ; et cependant il y a eu augmentation sur le nombre des actes reçus par les Notaires de l'arrondissement.

Ainsi, le relevé des répertoires des Notaires a donné les chiffres suivants :

Pour 1745, 7,857 actes ;
Et pour 1846, 8,110 —

Ce double résultat témoigne du caratère peu processif de la population de cet arrondissement, essentiellement agricole.

Le chiffre des procédures d'ordres et contributions a été inférieur à celui de l'année précédente. On avait ouvert, en 1845, 20 ordres et 7 contributions ; il y a eu seulement, en 1846, 14 ordres et 4 contributions.

Ces diverses procédures, suivies par MM. les Juges-Commissaires avec leur zèle habituel, ont été terminées aussi promptement que possible.

En résumé, les affaires dépouillées de tous les incidents inutiles qui auraient pu ou en entraver la marche ou en augmenter les frais, ont été jugées avec toute la promptitude désirable.

Je dois des éloges à l'activité et au désintéressement des Avoués.

Le Greffier demande qu'il soit apporté des modifications à la législature sur les droits de greffe, modifications désirables, dont le but principal serait de fixer ces droits d'une manière fixe et générale.

Justices de paix.

Le nombre des affaires portées devant les Tribunaux de paix a été plus considérable que l'année dernière (225 de plus). Malgré cette augmentation, le nombre des affaires restant à juger n'a été, cette année, que de 18, tandis que, l'année dernière, il s'était élevé à 31. C'est une preuve du zèle qu'apportent MM. les Juges de paix dans l'exercice de leurs fonctions.

Il est un chiffre qui témoigne du respect dont la propriété est entourée dans ce pays.

Parmi 737 jugements rendus par les Juges de paix figurent seulement 37 jugements sur les actions possessoires.

Le résultat n'a pas été aussi satisfaisant en ce qui touche le nombre des affaires conciliées.

En 1845, 82 affaires ont été conciliées sur 191 ;

En 1846, 7 seulement sur 17.

OBSERVATIONS

DE M. LE PRÉSIDENT DU TRIBUNAL DE MELUN

SUR LE MÊME ÉTAT DE STATISTIQUE

Le Président adhère aux observations présentées par le ministère public en ce qui concerne les rérultats du présent état de statistique judiciaire, qui a été rédigé avec tout le soin et avec toute l'exactitude désirables.

Les affaires civiles ont reçu, en 1846, une solution aussi prompte que possible.

Les trois quarts des affaires portées à l'audience ont été jugées dans les quatre à cinq mois de leur inscription au rôle; les trois quarts de celles restant à juger ont moins de six mois de date.

Si le nombre des procès a été moindre que celui des années précédentes, indépendamment des causes de diminution déjà signalées, il faut reconnaître que cette diminution provient de ce que les justiciables s'arrêtent souvent devant les frais de justice toujours trop considérables, surtout lorsqu'il s'agit *d'affaires peu importantes.*

Le soussigné estime qu'il y aurait lieu, dans l'intérêt des malheureux plaideurs, de reviser les trois décrets du 16 février 1807 sur la liquidation des dépens, et de spécifier, pour en faciliter la taxe, les affaires qui doivent être réputées *ordinaires* ou *sommaires*, distinction qui n'a pas été jusqu'ici bien nettement tracée ni précisée, et qui présente de graves difficultés en matière de taxe.

Il serait également indispensable de procéder à la révision du tarif du 10 octobre 1841, sur les frais de ventes judiciaires, qui n'a eu en quelque sorte, jusqu'ici, pour effet que de faire profiter les officiers ministériels des bénéfices que le Trésor retire des droits de timbre, de Greffe et d'enregitrement sur les actes supprimés ou rendus facultatifs par la loi du 2 juin 1841.

Le 20 août 1842, une circulaire du Ministre de la justice a eu pour objet d'arrêter les abus qui résultent du tarif susdaté ; mais cette circulaire n'a point fait cesser la diversité de jurisprudence qui existe entre les Tribunaux, notamment sur l'application des articles 1er, 9, 10, 11 et 14 du même tarif.

Les règlements d'ordres et de contributions constituent, comme *la taxe des dépens*, l'une des plus importantes et des plus difficiles attributions des Juges, l'une de celles qui nécessitent le plus de travail minutieux et de pratique acquise des affaires judiciaires.

Sur 27 ordres et 12 contributions ouverts avant et dans le cours de 1846, 13 ordres et 6 contributions restaient encore à terminer au 31 décembre dernier.

Pour accélérer l'expédition de ces sortes d'affaires, dont la lenteur est souvent si funeste et si préjudiciable aux intérêts des débiteurs et à ceux de leurs créanciers, le soussigné se réfère aux observations qu'il a déjà présentées à l'occasion de la statistique civile de 1845.

Il en sera de même en ce qui concerne les droits et émoluments des Greffiers.

Les Greffiers sont *membres des Tribunaux*, ils reçoivent un traitement de l'État : cependant, à raison de l'insuffisance de ce traitement, et de la modicité extrême des remises qui leur sont accordées par les lois spéciales, ils se croient suffisamment autorisés dans la pratique, par l'usage ancien et par le silence des parties intéressées, à percevoir de prétendus droits et émoluments, dont la loi n'a point parlé.

La nature et la quotité de ces émoluments varient suivant les localités ; ainsi, dans certains Tribunaux, indépendamment de la somme plus ou moins forte perçue pour avance de timbre de la minute des jugements et autres actes, les Greffiers exigent un droit particulier pour la tenue du répertoire, pour prestation de serment des fonctionnaires publics.

Ils perçoivent des droits supplémentaire pour rédaction des actes et certificats de purge, de dépôt, d'exposition d'affiches, de non-opposition ou appel. Dans d'autres Tribunaux, ils perçoivent un droit plus fort pour les acceptations et renonciations à succession et communauté, pour visa de demandes en partage, pour bulletin de remise des causes, pour dépôt de testament olographe, dont l'état doit être constaté par le Président, etc.

La sollicitude de **M.** le Garde des sceaux a déjà été éveillée par les Greffiers eux-mêmes, qui prétendent ne pas être convenablement rémunérés et réclament contre l'état actuel de la législation incomplète qui les régit.

Dans ces circonstances, et en présence des dispositions des articles 23 de la loi du 21 ventôse an **VII**, et 64 du décret du 18 juin 1811, une ordonnance réglementaire, un tarif est devenu indispensable pour fixer et régulariser dans tous les Tribunaux civils, correctionnels et de commerce, suivant leur classification, les droits et émoluments que les Greffiers peuvent être légalement autorisés à recevoir à raison de tous les actes de leur ministère.

Vu et certifié sincère par nous, Président du Tribunal.

AUDIENCE DE RENTRÉE

DU 4 NOVEMBRE 1847

DISCOURS DE M. LE PRÉSIDENT

—

MESSIEURS,

Depuis 1825, M. le Garde des sceaux a pensé qu'il était utile de faire pénétrer la publicité dans les diverses parties de l'administration judiciaire.

A cet effet, chaque année, des statistiques générales qui constatent le nombre et la nature diverse de toutes les affaires, ainsi que celui des jugements et arrêts intervenus tant en matière civile, commerciale, que criminelle, correctionnelle et de simple police, sont publiées dans toute la France.

Ces statistiques ont pour but de connaître l'état moral de chaque localité, et d'apprécier les résultats des institutions judiciaires, afin de pouvoir les améliorer.

Pour nous conformer, Messieurs, à un usage déjà pratiqué dans plusieurs Tribunaux, à l'époque de la rentrée, nous allons très-succinctement vous rendre compte des travaux du Tribunal pendant l'année qui vient de s'écouler.

Le nombre des affaires civiles a été moins considérable que l'année dernière.

314 affaires avaient été inscrites au rôle ;

Cette année, à partir du 1er octobre 1846, 264 affaires seulement ont été inscrites ;

86 restaient à juger au 1er octobre dernier ;

4 sont revenues sur opposition ;

Au total, 354 affaires.

75 ont été rayées du rôle ;

47 jugées par défaut ;

170 l'ont été contradictoirement ;

62, la plupart, il faut le dire, inscrites dans les derniers mois de l'année, restent à juger.

En ce qui concerne les affaires non soumises à la formalité de l'inscription au rôle, telles que *les* jugements sur requête, ceux rendus en Chambre du Conseil et autres, 128 décisions ont été rendues.

Les ordres à clore définitivement au 1er octobre 1846 étaient au nombre de 11 ;

15 ont été ouverts dans l'année ;

Total, 26.

11 restent encore à terminer.

A l'égard des contributions, il y en avait une à régler définitivement au 1er octobre 1846 ;

10 ont été ouvertes pendant l'année ;

Total, 11.

Il en reste encore 5 à terminer.

Trois ordres et une contribution seulement ont donné lieu à des contredits, à des renvois à l'audience, sur lesquels le **Tribunal** a statué.

Il arrive assez souvent, Messieurs, vous l'avez remarqué comme nous, que les contredits en matière d'ordre et de contributions sont rédigés et consignés sur les procès-verbaux avec beaucoup *trop de concision*, qu'ils ne sont pas motivés, et que les créanciers contestants et contestés se réservent de déduire et de faire valoir leurs moyens à l'audience.

Dans l'intervalle qui s'écoule entre le renvoi et le jugement, des requêtes et écritures sont respectivement signifiées.

Ne résulte-t-il pas des dispositions formelles des articles 761 et 765 du Code de procédure civile que telle n'a pas été l'intention du législateur ?

Nous pensons, Messieurs, que l'instruction, dans ces sortes d'affaires, devrait être faite par écrit, c'est-à-dire par la voie du procès-verbal, en telle sorte que le Juge-Commissaire puisse trouver dans les dires de contestation tous les éléments suffisants et l'énoncé de toutes les justifications produites d'ailleurs et qui lui sont nécessaires pour faire son rapport à l'audience et pour les appeler à statuer.

C'est ainsi qu'il a été jugé que les moyens non présentés

dans les contredits à la suite du procès-verbal, ne peuvent être proposés à l'audience par un créancier contestant (1).

Sans entendre exclure toutefois, non plus qu'en matière sommaire, les développements résultant des plaidoiries, communications prises respectivement par les Avoués, des moyens et conclusions qui doivent, suivant nous, faire partie intégrante du procès-verbal d'ordre.

Telles sont les observations que nous avons cru devoir vous présenter, à l'occasion des procédures spéciales d'ordre et de contributions.

L'orateur du Conseil d'État chargé d'en faire le rapport au Gorps législatif, en 1806, s'exprimait en ces termes :

« Dans peu d'années, nous osons le prédire, la théorie dé-
« veloppée dans le titre qui traite de la distribution par voie
« d'ordre et de contributions, aura provoqué, par son applica-
« tion uniforme, par sa simplicité, par la rapidité de sa marche
« et par le peu de frais qu'elle exige ; aura provoqué, disons-
« nous, et obtenu l'approbation de tous les bons esprits et les
« benédictions des débiteurs et de leurs créanciers. »

Tous, Messieurs, réunissons nos efforts pour régulariser et accélérer la marche des procédures et instances d'ordre et de contributions , de telle sorte que les prévisions du législateur ne se trouvent pas totalement déçues !

---

(1). .... Considérant que, sans entrer dans l'examen d'une question aussi controversée, cette objection doit être entièrement écartée de la cause, puisque c'est seulement dans les débats de l'audience qu'elle a été opposée à la veuve Segallas, et qu'elle n'est point comprise dans les contredits faits à la collocation à la suite du procès-verbal du Juge-Commissaire ;

Qu'il résulte, en effet, bien évidemment de l'esprit de la loi et de l'économie du titre XIV du Code de procédure civile, que c'est dans les contredits faits à la suite de l'ordre que doivent se trouver tous les moyens des parties, puisque c'est sur le rapport du Juge-Commissaire sur ces contredits que doit être rendu le jugement, sans qu'il soit permis de verser au procès ni conclusions motivées, ni requêtes en défense, ni aucun acte de procédure.

Appel de la part de la D[lle] Firmin.

Arrêt confirmatif du 30 novembre 1833, de la Cour d'Aix. — Sirey, 1834 — 2.— P. 320.

    V. Chauv., 2, page 252.

     .   Bioche, v° ordre, page 244.

      Dalloz, Dict. suppl., v° ordre, n° 349.

        Id.   Dict. général, v° ordre, n° 349, frais, n° 358.

    V. Id. *secùs* Dalloz, id., suppl., n° 302 ; Montpellier, 22 septembre 1837, D., p. 38, p. 237.

Il nous reste à nous occuper, en matière civile, de l'audience des criées et de celle des référés et des affaires de commerce.

35 demandes en licitations ont été formées devant le Tribunal ;

9 ont été renvoyées devant Notaire, pour la vente, et 5 ne sont point encore terminées ;

Sur 16 poursuites de saisie réelle, 14 seulement ont été suivies de vente.

Il n'y a eu, cette année, qu'une seule affaire d'expropriation pour cause d'utilité publique ;

Il n'a été rendu en référé, par le Président, que 44 ordonnances.

En matière commerciale, le nombre des affaires a été beaucoup plus considérable que l'année précédente :

393 affaires, au lieu de 261, ont été inscrites au rôle ;

26 restaient à juger en octobre 1846.... Au total, 419.

93 ont été rayées du rôle ;

300 ont été jugées ;

Restent encore à juger..... 26 affaires.

Le répertoire du Greffe constate l'inscription de 2,145 actes, parmi lesquels on remarque :

35 renonciations à succession ;

22 renonciations à communauté, et 15 acceptations sous bénéfice d'inventaire.

Les Juges de paix de l'arrondissement, pénétrés du but de leur institution, animés par l'amour du devoir et du bien public, redoublent d'efforts pour concilier les différends.

Ils sont parvenus à prévenir par conciliation, après avoir écrit aux parties de comparaître devant eux, plus de 100 procès, et à terminer à l'amiable 775 contestations.

Le nombre des jugements par eux rendus aux audiences civiles, est de 315.

26 seulement ont été frappés d'appel ;

2 appels seulement de jugement du canton sud avaient été interjetés, et il y a eu un désistement.

Au criminel (1), Messieurs, nous avons malheureusement encore à vous signaler un nombre plus considérable d'affaires !

Les procès augmentent dans une triste proportion :

369 affaires ont été inscrites pendant l'année ;

28 restent à terminer ;

295 jugements correctionnels ont été rendus ;

90 sur appel des Tribunaux d'arrondissement ;

2 seulement sur appel de simple police.

Tel est, Messieurs, le simple exposé que j'ai cru pouvoir vous soumettre, en pensant qu'aucun des détails qui se rattachent à nos fonctions et à notre surveillance, quelque arides qu'ils paraissent d'ailleurs, n'est indifférent ni dénué d'intérêt pour vous.

INSTALLATION DE M. HENRI JOUSSELIN

NOMMÉ SUBSTITUT DU COMMISSAIRE DU GOUVERNEMENT A MELUN

EN REMPLACEMENT DE M. FLEURY

APPELÉ AUX MÊMES FONCTIONS PRÈS LE TRIBUNAL DE PROVINS

6 avril 1848

—

MONSIEUR LE SUBSTITUT,

Vous succédez à un magistrat qui emporte notre estime et nos regrets, et qui vient de recevoir du Gouvernement provisoire une marque de confiance que sa capacité et ses services judiciaires lui ont méritée.

Nous espérons que vous apporterez à vos fonctions le même soin, la même exactitude qu'il mettait à remplir les siennes ;

(1) Les statistiques criminelles publiées chaque année permettent de suivre et d'étudier dans sa marche tout le cours de l'administration de la justice : la nature des crimes, leur caractère, leur fréquence, les vices de la procédure, l'application des peines, les récidives, en un mot, tous les incidents qui peuvent éclairer le législateur. (Voyez *Journal le Droit*, 4 novembre 1847. — Dupin, discours de rentrée.)

nous espérons retrouver en vous cette même sûreté de commerce et cette loyauté de rapports qui doivent toujours exister entre les collègues d'un même Tribunal.

Fils de l'un des premiers et des plus anciens chefs de service du département (1), vous n'êtes point étranger au milieu de nous. Nous vous avons vu débuter ici dans la carrière du barreau, sous la direction de l'un de ses membres les plus distingués (2); son expérience, ses conseils éclairés, son exemple vous ont profité ; car vous avez reconnu la nécessité, tout en vous livrant à l'étude du droit, de vous occuper, comme principal clerc d'avoué, de la procédure dont la connaissance est indispensable pour la pratique des affaires judiciaires.

Jeune encore, vous vous trouvez investi, dans un chef-lieu de Cour d'assises, des fonctions importantes et difficiles du Ministère public. Si elles sont importantes, surtout en matière criminelle, où il s'agit de l'honneur, de la vie des citoyens, de [la sauvegarde des propriétés, en un mot de la paix et de l'ordre public, ces fonctions ne sont pas moins essentielles en matière civile, puisque le Ministère public est chargé de veiller et de pourvoir à la conservation des droits, du patrimoine des mineurs et des personnes que l'incapacité momentanée, ou même durable, empêche de contracter ou de se défendre par elles-mêmes.

S'il arrivait, Monsieur le Substitut, que les causes commerciales, d'après la loi, ne fussent pas assez nombreuses, assez chargées pour suffire à votre activité et à votre travail, lorsque vous serez de service aux audiences civiles, le Ministère public a toujours la faculté de prendre communication des autres affaires, et peut ainsi, en faisant preuve de zèle et d'amour de son état, mettre le Tribunal à même de profiter de ses recherches, de ses lumières et de l'examen attentif qu'il n'aura pas manqué de faire de toutes les pièces des dossiers.

Nous ne doutons pas, Monsieur le Substitut, du concours utile que vous nous prêterez pour rendre la justice', de votre dévouement à la République, et de tous vos efforts pour justifier le choix de son Gouvernement.

(1) M. Jousselin, Ingénieur en chef du département de Seine-et-Marne.
(2) Mᵉ Carette, avoué.

ADRESSE PRÉSENTÉE AU ROI LOUIS XVI

PAR MM. DAMPIERRE ET SEVESTRE PÈRE

PROCUREUR DU ROI EN LA PRÉVOTÉ DE LA VILLE DE BAR-SUR-AUBE (AUBE)

—

Le lundi 31 *mai* 1790, l'assemblée des électeurs pour la formation du département de l'Aube, a ouvert ses séances à *Troyes*, dans la grande salle de l'Hôtel-de-Ville. Il a été arrêté qu'il serait fait une adresse à l'Assemblée constituante et au Roi, et que **MM.** *Dampierre* et *Sevestre*, électeurs du district de Bar-sur-Aube, auteurs de cette adresse, en seraient les porteurs, et enfin qu'il serait chanté, le même jour, un *Te Deum* à la cathédrale, en actions de grâces du choix des membres de l'administration.

Adresse présentée au Roi

le 9 juin 1790.

SIRE,

Lorsque les Français s'assemblent pour jouir d'un des plus grands bienfaits de la Constitution, leur serait-il possible de ne pas tourner leurs regards vers un Roi qui veut la liberté de son peuple, et s'en déclare le premier défenseur? Vous adoptez, avec empressement, toutes les voies qui tendent à une régénération, et les sacrifices personnels ne vous coûtent rien. Il vous était réservé, Sire, de procurer ce bonheur à la France, et c'est un exemple au monde. Trop de Monarques souilleront encore la terre des forfaits du despotisme ou de l'ambition; mais, grâce à vous, il y restera, au moins, une contrée où la liberté et les vertus dont elle est la mère justifieront le genre humain.

Déjà, sous les auspices du meilleur des pères, des enfants se rassemblent pour choisir ceux d'entre eux qui administreront le patrimoine commun, et qui exerceront la double prérogative

de vous porter des tributs volontaires et des vœux que l'amour
et la reconnaissance ont rendus forcés. Vous ne jugerez plus, Sire,
de l'état des provinces par des rapports mensongers et infidèles.

Ce peuple, dont on vous dit que vous êtes aimé, quand on
veut vous consoler de vos chagrins, ce bon peuple vous envi-
ronnera sans cesse ; il sentira mieux son bonheur, quand il saura
que son prince le partage, et les regards familiers de Votre
Majesté, son courage, et tout à la fois sa sensibilité l'instruiront
à supporter ses peines.

Il ne nous restera plus rien, Sire, à désirer que de jouir de la
présence d'un Prince adoré. Venez visiter vos départements,
rendez-vous au vœu de votre peuple, vous y trouverez de vrais
Français, des amis de la vérité ; vous y verrez des larmes de joie
couler de tous les yeux, et vous n'entendrez pas une voix qui
n'exprime pour Votre Majesté des sentiments de respect,
d'amour et de reconnaissance.

Le Roi a écouté cette adresse avec la plus vive satisfaction, et
a chargé les députés d'assurer le département de sa bienveillance.

Adresse à l'Assemblée constituante.

Le département de l'Aube vient d'être formé et l'a été sans
trouble, avec la tranquillité et la réunion des esprits qui con-
viennent à des Français, à des frères ; mais, avant de se séparer,
les électeurs regardent comme un devoir impérieux de verser
dans le sein des Pères de la patrie les sentiments dont ils ont
toujours été pénétrés.

Nous avons reçu avec l'enthousiasme du plus pur patriotisme
cette Constitution sacrée, qui rend à la Nation sa souveraineté
et à l'homme sa dignité et ses droits ; nous adhérons avec la
reconnaissance la plus vive aux lois sages que vous avez faites
pour le bonheur des Français ; parmi ces lois bienfaisantes, il
faut placer au premier rang celles qui ont ordonné une nouvelle division du royaume et la formation des Assemblées des
départements ; l'impôt sera également réparti, et chaque partie

de l'administration sera rectifiée par le patriotisme et la vigilance des membres de ces Assemblées.

Ainsi, nous ne verrons plus ces satrapes insolents gouverner nos provinces désolées, et les travaux pénibles des respectables habitants des campagnes n'alimenteront plus le luxe et les plaisirs de ces tyrans subalternes.

Messieurs, en applaudissant au décret du 13 avril dernier, relativement à notre sainte religion, nous désapprouvons formellement la protestation insidieuse faite contre ce décret. Nous sommes inviolablement attachés à le religion de nos pères, mais nous ne confondrons jamais le respect dû à la divinité avec l'intérêt de ses ministres.

Nous partageons ces sentiments avec tous les Français, et nous faisons vœu de les défendre jusqu'à notre dernier soupir.

Nous sommes avec un profond respect, Messieurs, les électeurs à la formation du département de l'Aube.

Réponse

de M. Pelletier, Président de l'Assemblée constituante.

Messieurs,

L'Assemblée a entendu avec le plus grand intérêt l'adresse que vous venez de lui lire ; elle est un sûr garant des sentiments patriotiques qui animent les citoyens du département de l'Aube.

Combien les fonctions des Administrateurs vont devenir intéressantes. Vous serez chargés, Messieurs, de répartir l'impôt également, et vous porterez la consolation et la paix dans les chaumières les plus isolées.

L'Assemblée vous prie d'assister à sa séance.

TABLE DES MATIÈRES [1]

(1) M. Sevestre a été nommé successivement : *Substitut*, à Joigny et à Épernay, en février et mars 1816 ; *Juge*, à Meaux, le 17 novembre 1819 ; à Melun, successivement : *Juge, Vice-Président et Président*, les 27 juillet 1825, 7 mars 1838, et 10 janvier 1842 ; *Juge*, à Paris, le 3 mai 1848. Il a été admis, sur sa demande, à la retraite, le 22 août 1862.

Paris. — Imp. Félix Malteste et Cⁱᵉ, rue des Deux-Portes-St-Sauveur, 22.